GESTÃO DE PESSOAS NA PRÁTICA

GESTÃO DE PESSOAS NA PRÁTICA

os desafios e as soluções

Ricardo Xavier

Editora Gente

Editora
Rosely M. Boschini

Assistente editorial
Rosângela Barbosa

Produção
Marcelo S. Almeida

Preparação
Alessandra J. Gelman Ruiz

Revisão
Valquiria Della Pozza

Capa
W-design

Projeto gráfico
Neide Siqueira

Editoração
Join Bureau

Rua Pedro Soares de Almeida, 114
São Paulo, SP CEP 05029-030
Tel: (11) 3670-2500
Site: http://www.editoragente.com.br
E-mail: gente@editoragente.com.br

Dados Internacionais de Catalogação na Publicação (CIP)
(Câmara Brasileira do Livro, SP, Brasil)

Xavier, Ricardo
Gestão de pessoas na prática : os desafios e as soluções / Ricardo Xavier. – São Paulo : Editora Gente, 2006.

ISBN 85-7312-514-4

1. Administração de pessoal I. Título.

06-6055 CDD-658.3

Índices para catálogo sistemático:

1. Gestão de pessoas : Administração de empresas 658.3

Sumário

INTRODUÇÃO

O irlandês Robert Owen (1771-1858), precursor do movimento cooperativista, fundador de colônias socialistas na Inglaterra e nos EUA, escreveu, em 1826, um discurso aos superintendentes de manufaturas. Nesse texto, ele defendia a idéia de que os dirigentes deveriam dar total atenção às pessoas no trabalho, e criticava os dirigentes que tratavam bem as máquinas e não davam a devida atenção aos seres inteligentes que as operavam. Ele propunha que as empresas deveriam dar boas condições de trabalho, educar para a eficiência, cuidar para que o pessoal tivesse acesso a uma boa qualidade de vida, ou seja, estabelecer um pacto produtivo com o qual todos teriam muito a lucrar.

O mundo mudou muito desde então. Vieram as grandes organizações, as grandes fábricas mecânicas, as estruturas produtivas sofisticadas, a linha de montagem e o mercado de consumo de massa; depois, vieram também as reengenharias, o *downsizing*, a revolução eletrônica e a tecnologia da informação, que mudaram significativamente a feição das organizações. Mudanças, mudanças, mudanças... mas o discurso de Owen, na sua essência, continua válido. Por mais que as coisas mudem, a solução para os desafios empresariais ainda continua nas mãos daqueles que trabalham para as organizações, e esses precisam ter um tratamento não só digno mas também eficiente, para que o trabalho seja realizador e produtivo.

O gestor que tem boas intenções e que aceita a proposta moral de Owen já conta com um bom começo. Honestidade de propósitos é o primeiro passo para se criar uma relação produtiva e realizadora, que beneficie a organização e o colaborador. Porém, isso não basta, pois lidar com gente é uma tarefa que oferece significativos desafios e, muitas vezes, por ineficiência se produzem efeitos contrários aos que as boas intenções almejam.

Desafios da gestão

O gestor bem intencionado muitas vezes se defronta, no dia-a-dia, com problemas difíceis. Por exemplo: o que fazer quando um colaborador se acha irremediavelmente desmotivado para o trabalho? Como manter um clima adequado, no qual conflitos entre grupos sejam harmonizados convenientemente? Como proceder quando não se pode atender a uma reivindicação justa de pessoas que levam a empresa para a frente?

O ser humano, com toda a sua riqueza e diversidade, é o “problema” fundamental da gestão, sendo a palavra *problema* entendida aqui como a questão a ser compreendida e a orientação a ser adotada, principalmente quando se trata daquele líder, supervisor ou gerente egresso de escolas técnicas que tem dificuldade de entender as pessoas e, em decorrência disso, não sabe como agir para que as coisas se encaminhem do melhor modo.

Mas o “problema” também é a solução. À medida que o dirigente vai conhecendo melhor as aspirações e as expectativas humanas fundamentais, os comportamentos e suas causas, vai adotando ele próprio condutas cada vez mais capazes de consolidar um pacto produtivo eficiente com as pessoas que o ajudam a atingir suas metas.

Este livro é para o gestor e para o assessor

O presente livro trata da gestão de pessoas, mas este não é um livro sobre a função formal do RH, isto é, o texto não se destina à discussão de métodos, programas e processos do departamento de Recursos Humanos das organizações; ele se destina, isso sim, ao gestor e a qualquer profissional que tenha autoridade e responsabilidade pela supervisão do trabalho de outros e pela condução de equipes; visa oferecer orientações práticas que possam ser de valia para quem gerencia pessoas. Este livro deverá também ser útil àquele que assessora o gestor, como, por exemplo, o consultor interno ou externo de RH, para que ele tome as melhores decisões e adote as melhores condutas.

O livro aborda as principais situações relacionadas à gestão de pessoas, apresentando as alternativas que a prática mostrou serem válidas ao longo do tempo. Como já observou o filósofo grego Aristóteles, todo conhecimento provém da prática, e isso é especialmente verdadeiro nas áreas de trabalho sociais, em que o relacionamento humano é o xis da questão. Na gestão de pessoas, a experiência é a grande mestra, e é um pouco da experiência adquirida em décadas de atuação em RH e aprendida com gestores experientes que desejo partilhar com os mais jovens e com menos "anos de janela" no trabalho de administrar pessoas.

A esperança maior é de que o gestor use este livro quando estiver com problemas no relacionamento com seus colaboradores. Que as sugestões aqui contidas sirvam para reduzir a tensão natural sentida pelo gestor diante das dificuldades (por exemplo, a tensão de um novo supervisor quando tem de fazer sua primeira demissão); que ele também possa agir mais eficientemente, fazendo mais por sua empresa e por sua carreira.

Por ter foco em questões da vida prática, o livro poderá ser útil também para treinadores e professores, servindo para orientar discussões pontuais sobre as questões do interesse dos futuros gestores.

Capítulo 1

PESSOAS: O DESAFIO E A SOLUÇÃO

O leitor provavelmente já se cansou de ouvir falar que o mundo está mudando rápida e intensamente. Essa idéia já se banalizou e, por si só, não serve de orientação para ninguém. Mas a pergunta que queremos fazer aqui é outra: como a mudança afeta as organizações e as pessoas? Se dermos uma resposta adequada a tal questionamento, poderemos extrair alguma orientação sobre o que fazer para nos proteger melhor da mudança, ou até para usá-la em nosso favor.

As mudanças afetam pessoas e organizações em quatro aspectos principais:

Econômico – Uma mudança tecnológica, por exemplo, pode complicar significativamente os negócios de uma empresa. As vendas podem cair, os custos podem aumentar, a empresa pode entrar "no vermelho". Igualmente, mudanças tecnológicas, sociais, políticas e econômicas podem afetar uma pessoa. Por exemplo: um profissional pode perder o emprego porque a empresa em que estava foi afetada pela queda das vendas. Em síntese, mudanças sempre causam problemas econômicos para pessoas e empresas.

Financeiro – Mudanças trazem também dificuldades financeiras, isto é, falta de dinheiro. Aquela empresa que passou a vender menos ou que teve seus custos majorados terá problemas de caixa. Da mesma maneira, aquele profissional que perdeu seu emprego poderá ter dificuldade para pagar suas contas, se as reservas acabarem.

Operacionais – As empresas passam a ter dificuldades operacionais com as mudanças. Eventualmente, têm fontes de suprimentos cortadas, encontram dificuldade para substituir pessoal e enfrentam rupturas produtivas em decorrência de sua adaptação às mudanças. Com as pessoas também acontecem problemas; por exemplo: um profissional poderá ser transferido, tendo de mudar de horário e interromper seu curso de MBA para se ajustar às transformações.

Psicossociais – É o pior aspecto das mudanças: as pessoas ficam tensas e estressadas, surgem os conflitos com as dificuldades de retomada do equilíbrio emocional, e as decisões passam a ser menos eficientes.

Pois bem. Isso é exatamente o que está acontecendo atualmente com organizações e profissionais. Todos estão se defrontando com um cenário de transformações, as quais trazem problemas nesses quatro aspectos, em forma de síndrome (isto é, cada aspecto afeta os demais e amplia o impacto dos problemas). Isso tudo gera um estado de crise, conforme a figura abaixo.

Figura 1. A síndrome da crise

Os desafios são grandes. Como manter os lucros num mundo competitivo, em que as margens caem o tempo todo e é necessário aumentar constantemente a produtividade? Como fazer isso sem destruir a motivação e o moral do quadro de colaboradores? Como equacionar as dificuldades operacionais em meio às mudanças rápidas? Como ajudar os colaboradores a cumprirem suas tarefas em meio às montanhas de e-mails, às demandas de reuniões, às dificuldades de relacionamento com clientes e fornecedores?

Esses bons e grandes desafios requerem mentes calmas, inovadoras, esforços direcionados às soluções e empenho. Vale dizer que, para conseguir lidar com os desafios, a pessoa precisa de um quadro de alta performance; então, voltamos às pessoas, pois elas são a solução.

Necessidades estratégicas das empresas

A organização moderna precisa muito de seus colaboradores em cinco aspectos principais:

Adesão – A empresa precisa que cada um compreenda o que está acontecendo e aceite as mudanças que ela necessita realizar, isto é, precisa que haja adesão às suas políticas e estratégias.

Direção – A organização precisa que as pessoas dirijam seus esforços e talentos para os alvos certos, ou seja, que todos visem aos mesmos objetivos, havendo um alinhamento estratégico adequado.

Empenho – Maiores desafios demandam mais empenho das pessoas; elas devem realmente "vestir a camisa" e ajudar a empresa a lidar com as dificuldades.

Eficiência – As pessoas estão sendo chamadas a aprender coisas novas, e de modo rápido, para manter níveis de eficiência condizentes com as exigências do mercado.

Inovação – A empresa precisa de idéias, soluções alternativas e sugestões de melhora.

O quadro abaixo mostra como tudo isso se traduz na prática da gestão de pessoas:

DEMANDAS ESTRATÉGICAS	PRÁTICA DA GESTÃO DE PESSOAS
Adesão	O gestor precisa "vender" bem a empresa a seus liderados, pedir ajuda, liderar as pessoas para conseguir colaboração com políticas e estratégias.
Direção	O gestor precisa mostrar os rumos, dizer o que se espera de cada colaborador, indicar comportamentos que são efetivamente direcionados para os alvos certos e explicitar quais devem ser mudados. Precisa deixar claro a cada um os planos e decisões da empresa, fazendo com que as pessoas os compreendam e saibam qual é sua parte neles.
Empenho	O gestor precisa fazer com que cada colaborador, e a equipe como um todo, tenha um compromisso com um nível de empenho demandado pelo mundo atual, criando uma cultura de trabalho e resultados.
Eficiência	O gestor precisa fazer com que os membros da equipe busquem o conhecimento, partilhem-no, contribuam para que cada um individualmente e o todo se tornem mais eficientes.
Inovação	O gestor precisa criar um ambiente em que todos sejam ouvidos e estimulados a contribuir para a melhora contínua dos processos, para que se encontrem soluções para os problemas de cada área.

O desafio de gerenciar pessoas em um cenário de diversidade

No mundo moderno há a diversidade, que pode ser observada:

Na composição social das equipes – Há pessoas de ambos os sexos, de diferentes idades, de níveis de escolaridade variados, de várias procedências e de nacionalidades diversas.

Nos valores – Como conseqüência do advento das sociedades mais abertas e democráticas, observa-se a convivência de valores diversificados nas manifestações religiosas, nas crenças políticas e nas idéias sociais.

Nos estilos de vida – Pessoas com diferentes preferências, formas de ser e de agir convivem nos mesmos ambientes.

Formações e orientações profissionais – A sociedade do conhecimento tem como conseqüência a especialização e a fragmentação do saber, e põe para trabalhar em equipe pessoas com especializações bastante diferenciadas.

Dentro desse cenário, a tarefa de produzir adesão, direção, empenho, eficiência e inovação possui alguns complicadores, dentre os quais a linguagem, o domínio de conceitos diferentes e as visões de mundo diversificadas, ilustrados nos exemplos abaixo:

- O pessoal de Tecnologia da Informação (TI) tem uma proposta para um problema da empresa, mas as pessoas relutam em aceitá-la. Sob a óptica de TI, o problema poderia ser resolvido facilmente, mas pessoas de outras áreas eventualmente dirão que o pessoal de TI não tem sensibilidade social. É preciso harmonizar a linguagem e a visão do problema para chegar a uma solução.
- A empresa pretende implantar um padrão de imagem na vestimenta do pessoal, mas há resistência de algumas pessoas em

decorrência de seu estilo de vida; alguns acham que usar tatuagem, *piercings* e brincos é um direito que a empresa não deve violar.

- A reitoria da universidade está propondo um programa específico, mas há uma ala político-partidária dentro da organização que tem uma visão negativa dessa proposta e vem fazendo oposição.

A solução está nas pessoas

Em todos esses casos, não adianta buscar as soluções onde elas não estão. Por exemplo: não adianta aprimorar o sistema se as pessoas não o "comprarem"; porém, se elas efetivamente quiserem que ele dê certo, irão suprir suas lacunas, sugerir, levar ao aprimoramento e acreditar na alternativa a ponto de fazê-la efetivamente consolidar-se. Igualmente, como a empresa vai vigiar aquele vendedor que está sozinho no mercado, fazendo-o evitar a camisa cor de abóbora com gravata verde? O jeito é fazer com que ele queira aceitar um padrão de roupa mais condizente com uma imagem de competência e profissionalismo. Por fim, o plano da reitoria, por melhor que seja, sempre será imperfeito e sempre terá brechas que poderão ser atacadas. Se não houver um pacto eficiente, não será aceito, ainda que eventualmente as pessoas oficialmente finjam aceitá-lo.

PIADA QUE ENSINA

O bêbado estava procurando a chave debaixo do poste, quando alguém perguntou se ele a havia perdido naquele lugar. Ele disse que não, mas estava procurando ali porque era onde estava mais claro.

Moral da história: há sempre uma tentação de buscar as respostas onde está mais claro, e não onde elas realmente estão.

Em síntese, nesse aspecto pode-se dizer que o nome do problema é *gente*. E também a solução. Eis aí a grande importância do gestor e dos profissionais de RH. O gestor, no dia-a-dia dos relacionamentos com a equipe, vai observar, conversar, negociar, pactuar, ouvir, enfim, vai interagir de modo que a empresa funcione como a "competência organizada", como disse o economista canadense John K. Galbraith. E a área de RH deve assessorar o gestor em suas necessidades e prover treinamento, comunicação institucional e programas e políticas que levem o quadro de funcionários a entrar em real sintonia com as demandas estratégicas da organização.

Capítulo 2

O PROCESSO DE GESTÃO DE PESSOAS

Imaginemos a situação de um CEO[1], o executivo principal de uma grande organização. Por vezes se diz que ele é o responsável pelo comando de tantas mil pessoas, e isso é verdade, mas apenas parcialmente, pois ele comanda de modo direto um grupo pequeno, usualmente de seis a dez pessoas, e indiretamente exerce forte influência sobre o desempenho de um outro grupo que vem logo abaixo, digamos, de mais umas sessenta ou setenta pessoas, dependendo do caso. Daí para baixo, na hierarquia da empresa, sua influência sobre as pessoas é cada vez menor. Outros gestores (diretores, gerentes, supervisores, chefes, líderes) passam a ter maior peso sobre o comportamento das equipes.

Seja no caso do CEO, seja no caso de um supervisor que tem apenas um subordinado, na base da hierarquia todos estão lidando com pessoas. O sucesso de cada um dependerá de quão hábil ele será em se relacionar com seus subordinados. Qualquer que seja a tarefa da equipe, esteja ela no topo da organização ou na base, é necessário que as pessoas dêem idéias, influenciem-se positivamente, assumam compromissos, discutam

[1] CEO – *Chief Executive Officer*. Em inglês, o executivo principal. Eventualmente, pode ser o presidente ou o diretor executivo, dependendo da situação e da nomenclatura adotada pela empresa.

alternativas e empenhem-se individualmente e em equipe. Para que haja sucesso é necessário que as pessoas estejam motivadas e queiram fazer as coisas certas para a melhoria da organização.

Em síntese, um dos desafios primordiais de qualquer gestor é lidar com pessoas de modo eficiente. Organizações eficientes têm uma sólida estrutura de suporte para isso. Por meio da área de RH, elas provêm mecanismos de avaliação de desempenho, programas de treinamento, processos de comunicação, sistemas de remuneração e benefícios e outros instrumentos. Porém, o desafio maior está nas mãos daquele que exerce influência direta sobre o colaborador. Tudo o que a empresa oferece "vai por água abaixo" se esse gestor não desempenhar o seu papel eficientemente, se não compreender que seu trabalho é, primordialmente, lidar com gente.

Busca, retenção, desempenho e desenvolvimento

Como se chega a conseguir uma equipe de alto desempenho? Quais são as tarefas que têm de ser feitas pelo gestor para montar essa equipe? Em síntese, quais são as etapas do processo de gestão de pessoas? Esse processo pode ser resumido em algumas etapas fundamentais:

Busca – Antes de tudo, é necessário buscar interna ou externamente as pessoas certas para integrar a equipe. Como diz uma antiga orientação da administração, consolidada por Frederick W. Taylor em seu trabalho sobre administração científica, é preciso colocar o homem certo no lugar certo (*the right man in the right place*). A palavra *homem* toma aqui, nos dias de hoje, o sentido mais amplo, de gênero humano.

Retenção – Buscar as pessoas certas não basta. É preciso que elas efetivamente queiram ficar na equipe. Vale dizer que é necessário que elas façam um "contrato psicológico" válido com o gestor, que se identifiquem com os colegas e aceitem integrar-se na equipe.

Desempenho – Cada um na equipe tem de fazer a sua parte. Quem julga se a pessoa está efetivamente fazendo o que se espera dela? O gestor, certamente, que tem também a responsabilidade de orientar o subordinado para as condutas mais eficientes. São muitos os ingredientes que têm de ser adicionados para que o bom desempenho se verifique: comunicações claras, motivação, treinamento etc.

Desenvolvimento – Como as exigências externas mudam, é necessário que cada um cresça, e o gestor tem de criar condições para que isso ocorra. Se os subordinados se mantiverem estagnados no tempo, o desempenho não tardará a se mostrar insatisfatório e conseqüências negativas tenderão a aparecer.

Desafios do dia-a-dia do gestor

Analisemos quatro situações do dia-a-dia de gestores:

1) **Erro na contratação** – O gerente de Treinamento e Desenvolvimento ficou encarregado de montar um centro de informação e documentação, que deveria ser uma unidade pequena destinada a atender às necessidades básicas da empresa. Demandaria apenas uma pessoa, que ficaria responsável por manter livros, manuais, jornais, revistas, vídeos, CDs e outros materiais em ordem e disponíveis, classificados para dar fácil acesso e atender os usuários. Como a operação seria simples, o gerente acatou a idéia de dar uma oportunidade a uma jovem inexperiente que acabara de se formar em Biblioteconomia, prima de um colaborador do departamento, que ficaria praticamente todo o tempo sem supervisão direta, já que o centro de documentação se localizava em uma área isolada.

Em pouco tempo ela revelou não ter perfil para o atendimento de clientes: mal orientava os usuários dos serviços, ficava o tempo todo ao telefone e adotava posturas inadequadas. Os outros colaboradores, que freqüentavam o centro como usuários, não gostavam nem um pouco de ver uma colega "folgada" e com tempo para tricotar, quando a carga de trabalho dos demais era intensa. Para culminar, a jovem funcionária, por falta de sensibilidade e de observação, tratou mal um senhor que fora buscar uns documentos para estudo. Quem era ele? O diretor. Veio a reclamação, a ela se juntaram as avaliações dos colegas que não aprovavam o comportamento da "folgada", e, por fim, o desligamento.

O problema terminou aí? Lógico que não. O mal-estar emocional, o erro decisório e a ineficiência observada sempre projetam "fluidos" negativos para o futuro. Leva algum tempo para que o problema esteja definitivamente sepultado. E o gerente levou alguns "débitos" em sua "conta bancária emocional", no item relacionamento com os liderados e com o diretor.

ATENÇÃO À CONTA BANCÁRIA

Stephen R. Covey, autor de *Os Sete Hábitos das Pessoas Altamente Eficazes*, explora bem o conceito de "conta bancária emocional", uma idéia prática e útil para o gestor. O conceito é simples: nos relacionamentos humanos cria-se automaticamente uma conta bancária emocional. Se a pessoa *A* faz algo positivo para a pessoa *B*, ganha um depósito; se faz algo negativo, tem um débito. Com o passar do tempo, a conta fica credora ou devedora, e isso pode ter conseqüências. A pessoa atenta ao fator humano procura acumular créditos e evitar débitos, obviamente.

2) **Demissão retardada** – A empresa ia encerrar suas atividades, mas tinha ainda de cumprir contratos importantes com seus grandes clientes.

Em decorrência disso, precisava avisar aos colaboradores que eles seriam desligados, o que é uma medida de lealdade. Mas, paralelamente, precisava reter um quadro de técnicos de alto nível até que o prazo dos contratos chegasse ao fim. Como reter alguém que sabe que será desligado da empresa? Eis um bom desafio para o gestor. Uma situação aparentemente dificílima não se revela tão complexa assim na prática. O que se fez? Elaborou-se um bom plano de benefícios para os desligados e cada gestor conversou com seus liderados, avisando que seriam desligados dentro de alguns meses, e pediu apoio para a continuação dos serviços enquanto o prazo contratual não chegasse ao fim. Como as relações sempre foram boas, e como os gestores tinham vínculos emocionais sólidos com os liderados, esses decidiram colaborar sem maiores problemas.

Eis uma situação excepcional que mostra um dos desafios permanentes do gestor, que é o de reter as pessoas mantendo uma equipe eficiente.

3) **Desempenho em queda** – O processo de trabalho estava consolidado e o desempenho da equipe era mais que satisfatório, mas, de repente, houve necessidade de promover uma grande alteração no sistema. Isso passou a exigir novas operações por parte das pessoas e os erros não tardaram a surgir. Igualmente, o novo sistema causava dificuldades adicionais, tirando as pessoas da cômoda situação em que viveram nos últimos anos, operando com facilidade. As reclamações surgiram e, com elas, apareceram também muitos sinais de resistência à novidade. O gestor andava bastante atarefado com algumas demandas específicas do seu cargo. Deixou que as coisas corressem e que os seus liderados e o pessoal da área de TI buscassem o entendimento e a solução para que a implantação do novo sistema se consolidasse, pois essa seria irreversível, como todos sabiam.

De repente, o pessoal "de cima" chegou à conclusão de que o gestor tinha sido muito bom para a empresa até ali, mas não estava à altura das novas demandas; talvez estivesse ultrapassado ou acomodado e não liderava o pessoal para o rumo certo. Ele acabou sendo transferido para uma área de menor relevância e em seu lugar ficou um novo gerente para implantar a inovação com maior eficiência. O erro do gestor foi priorizar seus afazeres e negligenciar a questão do desempenho da equipe, que é a essência do trabalho de gerir.

4) **Desenvolvimento essencial** – Com a globalização das operações da empresa, mais e mais o domínio do idioma inglês passou a ser requerido. Porém, havia um grupo de colaboradores antigos e bem adaptados às suas funções que mantinham excelente nível de desempenho apesar de não dominarem a língua. Alguns deles resolveram, por conta própria, que deveriam aprender inglês, embora as funções imediatas não demandassem. Outros acharam que era bobagem preocupar-se com isso, principalmente porque a empresa não exigia isso deles. Eis que, de repente, uma mudança na estrutura e no processo de trabalho tornou o inglês importantíssimo para as funções daquele pessoal. Aqueles que já estavam adiantados conseguiram desincumbir-se bem das novas atribuições, e até foram promovidos. Os outros acabaram demitidos.

Uma parte da culpa cabe aos próprios demitidos, que se mantiveram acomodados, e outra parte cabe ao gestor, que foi negligente quanto às exigências de desenvolvimento do pessoal. Faz parte do trabalho de gestão antecipar mudanças e preparar a equipe para elas, um compromisso para com a empresa e para com a própria equipe.

Vencendo os desafios

O gestor, para vencer os desafios de sua área – seja ela um pequeno setor, seja a direção geral da empresa –, não pode negligenciar suas tarefas fundamentais de lidar com as pessoas. Pode-se dizer que, também no âmbito de seu desempenho específico e de sua evolução na carreira, as pessoas são o problema e a solução. O gestor cresce por meio da equipe, ou cai por negligência no trabalho de conduzi-la.

Condições de base para o sucesso na gestão de pessoas

Vejamos dois modos de pensar:

- **Gestor A** – Um gestor tem de ficar atento para não ser "enrolado", pois a malandragem existe. As pessoas não querem saber de nada e é necessário adotar esquemas para que cada um trabalhe bem ou receba a punição necessária quando isso não ocorre. Não adianta tentar implementar novidades, querer que a equipe faça mais. Problema de pessoal se resolve com remuneração ou, infelizmente, demissão.
- **Gestor B** – As pessoas querem contribuir, crescer, encontrar dignidade no trabalho. A colaboração é natural quando o gestor é capaz de criar o clima adequado. Na verdade, o ser humano não é um mercenário que faz tudo pelo salário, e só por ele; e também não é um ser que só faz o certo para evitar a punição. As pessoas querem uma oportunidade de dar o melhor de si!

Qual dos dois gestores tem mais probabilidade de montar uma equipe de alto desempenho? O B, naturalmente. Como observou Douglas McGregor (1906-1964), há o gerente Teoria X e o gerente Teoria Y. O primeiro tem atitudes muito negativas em relação ao ser humano e, por causa disso, recebe respostas negativas da equipe. O segundo tipo entende efetivamente o que o ser humano essencialmente busca, pensa do jeito certo, age do modo mais eficiente, e recebe respostas positivas.

A base para uma boa gestão de pessoas é:

- Acreditar no ser humano e em seu potencial;

- Estimular os liderados a darem o melhor de si e atingirem padrões de desempenho mais elevados;
- Gostar de ajudar as pessoas a se desenvolverem e atingirem metas cada vez mais desafiadoras;
- Assumir o papel de comando e a responsabilidade que daí advém;
- Adotar condutas que mantenham um vínculo emocional construtivo com as pessoas: respeito, apoio, orientação.

Paul E. Spector, em seu livro *Psicologia nas Organizações*, observa que, em tempos de *downsizing*, em que se torna necessário ter um desempenho mais eficiente na base da pirâmide, reafirma-se o valor da Teoria Y de McGregor: é necessário, mais que nunca, apostar nas pessoas.

Capítulo 3

RECRUTAMENTO

Nem sempre é fácil encontrar as pessoas certas para ocupar os cargos que estão vagos. O bom senso manda, então, que a empresa adote sistemas para recrutar um número suficiente de candidatos para se ter amplitude de opções que levem à localização das pessoas mais promissoras para suas funções.

Muitas empresas adotam o mecanismo de colocar em seus *sites* na internet aquela frase típica: *Trabalhe conosco*. Mas a grande verdade é que a maioria dos candidatos potenciais não acredita muito nessa frase, porque são inúmeras as empresas que recebem currículos pela internet e não fazem absolutamente nada com eles! Isso acarreta descrédito em relação à empresa e ao sistema de recrutamento pela internet, e provoca desperdício e perda de tempo. Por outro lado, a intenção da empresa é boa, mas a vantagem da inovação trazida pela internet se anula em face do volume excessivo de currículos que são recebidos e da impossibilidade de trabalhar bem com eles.

Essa situação põe em evidência um fato importante: de um lado, a empresa precisa recrutar um número suficiente de candidatos com bom potencial para suprir suas demandas de pessoal; de outro, essa tarefa traz algumas dificuldades e complicações naturais.

O recrutamento tem duas dimensões: a primeira é a da empresa como um todo, uma função comandada pela área de RH; a outra é a função do gestor. Como real interessado em ter candidatos a ocupar os cargos que venham a vagar em sua área, o gestor também deve: a) colaborar para que o sistema de recrutamento da empresa funcione do melhor modo; b) adotar seus próprios esquemas de recrutamento, para suprir as necessidades de sua área.

Criação e melhoria do sistema de recrutamento por área

Por vezes, há a necessidade de substituição imediata de um colaborador importante que teve de se mudar para o exterior. Onde buscar o substituto? Se o gestor é apanhado de surpresa pelo desligamento do colaborador e não tem um esquema próprio de recrutamento, ele terá dificuldade redobrada para preencher o cargo com a pressa que a situação exige.

Pode ser que, para resolver o problema, ele recorra aos atuais colaboradores, em busca de indicações. Mas, eles próprios, de momento, não se lembram de ninguém para indicar. Igualmente, ele vai recorrer ao RH, mas pode ser que os currículos existentes por lá estejam desatualizados, ou mesmo que nem haja currículo nenhum a selecionar.

O processo pode também começar com a busca de um currículo em um banco de dados de agência de empregos ou com a busca de candidatos em *sites* de internet. Ou o gestor pode recorrer a um serviço de seleção profissional. Caminhos válidos, viáveis, mas nem sempre eficientes em termos de rapidez. O ideal é que o gestor já tenha currículos em mãos, ou facilmente acessíveis, para iniciar o trabalho de recrutamento.

O que o gestor poderia fazer positivamente para ter candidatos com mobilização relativamente fácil para suprir suas demandas? É possível fazer muito. E, se estiver em uma área com alta demanda de pessoal, um comportamento eficiente com relação ao assunto se torna vital. O gestor pode:

- Ter uma visão adequada do sistema de recrutamento geral da empresa e colaborar para que funcione com a máxima eficiência;
- Adotar uma política de acompanhamento do sistema de recrutamento geral da empresa, para ter uma visão dos candidatos que chegam e que têm potencial para os cargos de sua área;
- Montar o seu próprio banco de currículos específico, com indicações de colaboradores, currículos que chegam diretamente para a área e outros mecanismos similares;
- Estimular os subordinados a fazer indicações para futuras seleções;
- Ter uma visão clara sobre os perfis mais adequados para o trabalho na área;
- Manter uma lista não oficial de candidatos potenciais, com profissionais que julga adequados a ocuparem cargos em sua área;
- Observar colaboradores de outras áreas com perfil para ocupação de cargos sob sua supervisão, para oportunamente buscá-los por meio dos mecanismos de promoção interna;
- Ter um plano contingencial (em gaveta, para acionar se necessário) para substituição de cargos de maior relevância em caso de emergência.

Fontes de recrutamento

Há inúmeras fontes de recrutamento de pessoal que podem ser acionadas, seja pela área de RH, seja pelo gestor com delegação para suprir diretamente suas demandas. Eis alguns exemplos:

A própria empresa – Uma política de recrutamento interno, além de extremamente simpática, pode ser muito eficiente. O recrutamento interno pode ser feito para buscar colaboradores de outras áreas com potencial para promoção. Pode, também, dependendo da política adotada, visar a atração de indicações de colaboradores.

Pessoal das vizinhanças – Uma placa colocada em um ponto estratégico poderá atrair as pessoas certas. Os candidatos da região têm vantagens significativas, principalmente nas grandes cidades em que o trânsito é um transtorno.

Outras empresas – Clientes, fornecedores e até mesmo concorrentes contatados de modo informal por meio de relacionamentos profissionais poderão ser boas indicações.

Escolas – Escolas da região têm alunos que moram nas redondezas, que poderão ter interesse e potencial para trabalhar na empresa.

Entidades de classe, sindicatos, organizações de serviços – Hoje em dia, são inúmeras as companhias que se organizam para auxiliar na busca de empregos para seus filiados ou pessoas necessitadas.

Serviços profissionais – Nos níveis de qualificação mais baixos, há as agências de emprego, as firmas de recrutamento de mão-de-obra operacional. Nos mais altos, há as assessorias de recolocação e planejamento de carreira, os *head-hunters*.

***Sites* da internet especializados em emprego** – Muitos *sites* permitem que empregadores potenciais façam buscas gratuitas de candidatos.

Bancos de candidatos

É conveniente que o gestor monte, ainda que de modo informal, um banco de candidatos para eventuais seleções. Esse banco deve ser específico, e o ideal é que esteja atualizado para permitir rápida mobilização de candidatos em potencial.

Cada área tem demandas específicas, e o segredo da boa seleção é encontrar as pessoas com os perfis mais compatíveis com essas necessidades. Isso deve ser seriamente considerado já na fase de recrutamento para a formação de um banco de candidatos com real potencial para um ótimo desempenho futuro.

Imaginemos as seguintes variáveis, que podem definir qual é o melhor candidato para um cargo: idade, sexo, características físicas, escolaridade, região de moradia e experiência. Essas características devem ser cruzadas para se chegar ao perfil ideal. Por exemplo: o ideal para o cargo pode ser uma pessoa do sexo feminino, com idade entre 23 e 25 anos, curso superior e domínio do inglês. Tais cruzamentos devem ser contemplados pelo banco de candidatos, e hoje isso é fácil de fazer, uma vez que programas de computador bastante simples permitem completo manuseio dessas variáveis.

Capítulo 4

SELEÇÃO

Há momentos importantes na vida de um gestor; comparativamente, aqueles em que o artilheiro se acha prestes a cobrar um pênalti. Errar nesses momentos relevantes traz problemas sérios. Um desses momentos é o da seleção de um colaborador.

Primeiramente, podemos olhar a questão por um ângulo que o empresário e o executivo conhecem bem: quanto custa selecionar uma pessoa? Isso varia de situação para situação, de empresa para empresa e de função para função. Mas aquele que estiver interessado em saber o custo de uma seleção para a sua empresa ou departamento deve considerar alguns itens. Primeiro, deve levar em conta todos os custos de recrutamento; algum custo houve, nem que seja o relativo ao uso do tempo de alguém que foi colocar uma placa de "precisa-se" na portaria. Se ele demandou anúncio em jornal ou outros recursos mais caros, os valores avolumam-se rapidamente.

Depois, considerem-se os custos da seleção em si, com o grau de sofisticação que tenha sido adotado. Houve aplicação de testes? Quantas entrevistas foram feitas e quanto custa por hora cada entrevistador envolvido? Em seguida, vêm os custos de adaptação do novo colaborador à organização, como a produtividade mais baixa no período inicial, eventuais erros, o treinamento demandado etc.

E o que acontecerá se, após três meses, se constatar que aquela não era a pessoa certa para o cargo e que havia escolhas melhores? Pior: e quais serão os custos diretos e indiretos de um desligamento, seja ele solicitado pelo colaborador, seja decidido pela empresa? Pense, por fim, nos efeitos danosos do período em que a pessoa errada esteve no cargo, criando problemas que poderão ter desdobramentos futuros.

Já no caso de escolhas felizes, a inclusão do novo membro na equipe produz uma mágica de produtividade. Operacionalmente, as coisas fluem de modo melhor, social e psicologicamente há gratificação por parte dos antigos integrantes da equipe, e outros benefícios diretos e indiretos, claros ou não, ocorrem. É fundamental selecionar corretamente para construir uma equipe de valor, e o gestor não pode negligenciar essa função importante.

Formas eficazes e formas ineficazes de selecionar

- A pessoa de cargo mais alto na unidade teve envolvimento na seleção?
- Os critérios de seleção foram rigorosamente pensados, de modo tal que sejam objetivos, racionais e eficazes?
- Houve envolvimento de mais pessoas, além do gestor, no processo?
- O pessoal de RH esteve envolvido em todas as etapas?
- Recursos e instrumentos técnicos (como testes) foram adotados?
- Houve uso de profissionais externos no processo, nos casos de seleções para cargos mais elevados?
- Partiu-se de uma boa lista de candidatos, isto é, o recrutamento foi eficaz, oferecendo razoável base para uma escolha adequada?

A resposta negativa a qualquer uma dessas questões compromete o processo. Nas empresas grandes e organizadas, há um processo seletivo formal que deve contemplar todos os cuidados acima mencionados. Compete ao gestor conhecer bem o processo e fazer a sua parte, para que a seleção efetivamente traga os melhores profissionais para a empresa.

Por se tratar de um processo humano, vieses e falhas poderão acarretar escolhas inadequadas, mesmo naquela empresa mais organizada. Nas empresas menos organizadas e mais desatentas ao processo formal, a seleção errada ou medíocre poderá se converter em regra.

Eis alguns problemas que levam a formas ineficazes de seleção:

Pressa para ocupar vagas – Em geral, isso decorre da ausência de um sistema de planejamento de pessoal ou de desorganização pura e simples. A pressão do trabalho e dos prazos a cumprir acaba levando a empresa a fazer seleções rápidas, e os erros surgem, ocasionando novos problemas que virão em futuro breve. Forma-se um círculo vicioso: seleção errada acarreta problemas que demandam novas seleções apressadas... e erradas. É fundamental compreender que algum tempo é necessário para que o processo seletivo seja realizado com eficiência.

"Contágio humano" – Um parente ou amigo de um colaborador está precisando muito do emprego. Esse colaborador pede apoio interno para que a pessoa se ajeite. O gestor se deixa envolver pela vontade de ajudar e perde a objetividade, fazendo escolhas inadequadas que trarão um custo financeiro e psicológico ainda maior para todos os envolvidos. É a chamada "tentação de fazer o bem", como disse Peter Drucker em seu livro com o mesmo nome. A vontade de ser "bonzinho" torna o administrador ineficiente e mais cruel. Infelizmente, por mais que haja muita gente precisando de uma "mãozinha" nos dias de hoje, quem administra tem de manter sua racionalidade no âmbito profissional, buscando ajudar de outras maneiras.

Apadrinhamento – Pessoas com poder na empresa têm preferência ou simpatia por um candidato e acabam "mexendo os pauzinhos" para que ele seja o selecionado, mesmo que não seja a melhor escolha para os interesses da empresa. O apadrinhamento torna todos vulneráveis: aqueles que escolhem, pois, ficam sujeitos a críticas futuras, e os escolhidos, pois estão sujeitos a um nível de cobrança maior e, como o critério seletivo não foi o da qualificação, poderão ter desempenho sofrível, o que trará as conhecidas conseqüências negativas. Tratar alguém com privilégios no momento da seleção é uma das maneiras mais fáceis de criar um clima negativo no ambiente de trabalho e de "plantar" muitos problemas de relacionamento.

Despreparo dos selecionadores – Eventualmente, apesar das boas intenções, os selecionadores mostram-se despreparados. Poderão deixar que simpatias, antipatias, preconceitos e idiossincrasias afetem negativamente o processo. Uma boa seleção requer isenção do selecionador. É fundamental entender o que é ser gestor e quais as responsabilidades que a função traz.

Economia – Economizar, fazer uso inteligente dos recursos da empresa, deve ser sempre uma meta. Entretanto, economizar na função e na hora errada pode ser um erro fatal. Eventualmente, por não querer gastar no processo seletivo, um reflexo da visão de que a seleção não é muito importante, acaba-se provocando custos significativos para a empresa. A seleção errada tem custo mais elevado que qualquer economia que se faça no processo, certamente.

Critérios inadequados – Eventualmente, o processo seletivo que não é pensado adequadamente é orientado por critérios inadequados. Por exemplo: buscam-se pessoas que se amoldem a traços culturais negativos da empresa, e ela perde a oportunidade de se renovar a partir das novas contratações. Igualmente, pode-se buscar alguém que se amolde a um defeito do gestor, o que contribui para que ele próprio não mude para melhor e continue causando danos à organização, com seu comportamento inadequado.

Negligência do gestor – Nem sempre o gestor dá o devido valor ao processo seletivo, por partir de idéias erradas.

Formas de seleção agressivas – Eventualmente, algumas empresas adotam formas de seleção agressivas, com dinâmicas em que as pessoas são submetidas a pressão e levadas a situações de competição. Igualmente, por vezes adotam-se entrevistas com perguntas capciosas ou provocadoras, com a finalidade de provocar ou aplicar "pegadinhas" nos candidatos. Isso só contribui para criar uma situação de artificialidade, despertando emoções negativas que tumultuam o processo e que podem afastar pessoas promissoras, além, naturalmente, de trazer danos à imagem da empresa.

VISÃO ERRADA

Algumas visões inadequadas que levam o gestor a fazer escolhas ineficientes:

- Cargos mais simples não requerem perfis especiais
- As pessoas são pouco diferentes umas das outras
- Qualquer um acaba se adaptando ao tipo de trabalho
- Só iremos saber quem é a pessoa após a entrada no trabalho; portanto, não adianta perder muito tempo com a seleção

Um processo seletivo racional e completo

Há processos seletivos mais sofisticados e menos sofisticados, dependendo da empresa, do cargo e da situação. Em algumas grandes organizações, a admissão de um *trainee* de gerência pode durar meses, com atividades espaçadas e encadeadas. Igualmente, a seleção de um executivo de topo para uma organização poderá demandar até um ano, pois envolverá considerações e decisões estratégicas de negócios, viagens ao exterior, entrevistas com pessoas de alto nível geralmente muito ocupadas, trabalho com profissionais externos e busca de candidatos específicos.

Um processo de seleção racional e completo usualmente engloba, em diferentes momentos, as seguintes atividades:

Estabelecimento do perfil – Trata-se de análise e discussão sobre qual é o perfil pessoal e profissional ideal para ocupação do cargo. Isso deve envolver considerações, competências emocionais requeridas, qualificação intelectual, experiência, dados objetivos como idade e sexo, comportamentos e estilo de vida. Nessa discussão entram o gestor imediato e também outras instâncias, como o nível hierárquico acima e o pessoal de RH.

Triagem de currículos – Em decorrência de alguns dados objetivos definidos como desejáveis e daqueles definidos como eliminatórios faz-se uma triagem de currículos.

Análise dos currículos e seleção – A primeira etapa da seleção é a de análise dos currículos. São verificados os dados objetivos e também se tenta ter uma visão do tipo de profissional por meio da análise de sua formação, cargos e experiência. Havendo eventual necessidade, o ideal é que se telefone para ele para a complementação de dados.

Documentação e busca de informação – Alguma busca de informação e de documentação é sempre necessária para maior segurança do processo. Nos dias de hoje, com os níveis de insegurança elevados em que vivemos, as organizações grandes e complexas, que têm quadros elevados e admitem regularmente pessoas desconhecidas, têm de tomar especial cuidado. O processo de investigação usualmente engloba busca de referências, no mínimo.

Entrevistas iniciais – Pode ser uma ou mais. Têm a finalidade de estabelecer um primeiro contato, verificar se há efetivo interesse por parte da pessoa em participar do processo seletivo, se em princípio o perfil dela está de acordo com o demandado pela empresa, se não há um obstáculo maior.

Testes de diferentes tipos – *Técnicos:* Têm a finalidade de verificar a qualificação conceitual específica da pessoa e poderá ser eliminatório ou classificatório, conforme o caso; *De inteligência ou desempenho cognitivo:* Visam definir qual é o nível de eficiência da pessoa em termos de raciocínio; *Psicológicos:* Visam verificar padrões de resposta emocional e comportamental da pessoa.

Dinâmicas – Freqüentemente se recorre a dinâmicas para testar o comportamento dos candidatos em situações que simulam problemas e acontecimentos da vida real. Essas dinâmicas relevam-se úteis para uma avaliação mais detalhada dos candidatos, principalmente no que diz respeito aos seus perfis de competência e a sua adequação à função.

Entrevistas de seleção – Usualmente englobam entrevista com profissionais de seleção, com o gestor e com o seu superior hierárquico. Incluem também entrevista técnica, com pessoal especializado, quando necessário.

Espera-se que o gestor faça a sua parte com a máxima eficiência e que colabore integralmente com o processo formal da empresa, sem tentativas de queimar etapas ou improvisar.

A profissionalização da seleção

Nos dias de hoje, usualmente é vantajoso envolver profissionais externos na seleção, principalmente para cargos técnicos e gerenciais. Isso tem um custo, naturalmente, mas que, em geral, se mostra dos mais positivos em análises de custo/benefício, por várias razões. Entre outras, as vantagens do apoio profissional no processo seletivo são:

Objetividade – Pessoas de fora tendem a ter muito menos probabilidade de apresentar viés seletivo;

Especialização – Muitas vezes, não compensa para a empresa a manutenção de quadros profissionais especializados, e, externamente, esses recursos acham-se disponíveis para uso pontual.

Afastamento do processo – Quando a maior parte do processo é feita fora da empresa, evitam-se especulações e outros problemas similares.

Imagem – Quem se candidata a um cargo e percebe o nível profissional da seleção tende a valorizar mais a empresa e o próprio processo seletivo.

Entrevistas de seleção

O desempenho do gestor advém também de sua equipe. Logo, formar uma equipe de valor é tarefa das mais estratégicas para ele. E a entrevista é um momento crítico da formação dessa equipe, que deve ser valorizado. Alguns cuidados são fundamentais para que a entrevista transcorra com a esperada eficiência:

Preparação – É fundamental que o gestor se prepare. Ele pode estabelecer um roteiro formal para a condução da entrevistas – e isso usualmente é vantajoso. Caso não o faça, pelo menos deve anotar os pontos fundamentais a serem cobertos, o que deseja perguntar, de que não quer se esquecer. Deve ler o currículo do futuro entrevistado antes, para levantar questões a esclarecer.

ITENS FUNDAMENTAIS DA PREPARAÇÃO

- Revisão dos objetivos da função
- Revisão do perfil de competência definido para a função
- Revisão do currículo e perfil do candidato
- Definição de perguntas fundamentais a serem feitas

Abertura da entrevista – Na abertura, quem está entrevistando deve fazer o que for necessário para criar um bom ambiente e deixar a pessoa entrevistada à vontade e descontraída, para que dê o melhor de si nas respostas. A forma de cumprimento, as trocas de idéias iniciais, o sorriso receptivo, o eventual cafezinho, tudo isso pode contribuir para a criação do clima adequado.

Início da entrevista – Usualmente, é conveniente que o entrevistador adote uma postura formal para dar início à entrevista. Fará isso quando perceber que o entrevistado já está à vontade e descontraído, e pode começar falando sobre os objetivos da entrevista e como será conduzida.

Durante – No decorrer da entrevista, deve-se seguir o roteiro previamente estabelecido, mas sem excessiva formalidade, pois isso pode atrapalhar o andamento. Retrocessos no roteiro poderão ser úteis para esclarecer pontos que ficaram indefinidos. Quem entrevista deve conter o desejo de exagerar na fala, pois, afinal, a entrevistada é a outra pessoa. Anotações deverão ser feitas no decorrer da entrevista, mas de modo descontraído, para que o entrevistado não se sinta intimidado.

SUGESTÃO DE ROTEIRO DE ENTREVISTA

- Cumprimentos e conversa para "quebrar o gelo", descontração
- Definições fundamentais: apresentação do entrevistador ou entrevistadora, objetivos da entrevista, sua posição no processo seletivo.

- O entrevistador fala do cargo e de suas demandas.
- A pessoa entrevistada fala de sua experiência e seu potencial para o cargo.
- O entrevistador fala das suas expectativas e das dificuldades que antevê e pede que a pessoa dê sua opinião sobre como contorná-las.
- Discussão sobre expectativas, competências, desempenho, forças e fraquezas do entrevistado.
- Questões finais e encerramento.

Fechamento – Quando estiver plenamente satisfeito, o entrevistador faz um resumo geral do que se discutiu e abre a possibilidade para perguntas finais da pessoa entrevistada. Esclarecidas as dúvidas e feitos os últimos comentários, encerra definindo como será a seqüência do processo seletivo.

Encerramento – Logo após a entrevista, a pessoa deve fazer anotações detalhadas, principalmente registrando os dados que dizem respeito às perguntas críticas. No decorrer da entrevista já deverá haver tomado notas, mas esse é o momento de fazer um apanhado geral significativo.

Perguntas que ajudam

Na entrevista, é necessário que o entrevistado se exponha, para que se tenha maior conhecimento dele. Entretanto, nem sempre isso ocorre de modo natural e espontâneo. Algumas perguntas podem ajudar a obter maior expressividade e exposição. Exemplo:

- Quais são seus maiores diferenciais, isto é, quais são as diferenças vantajosas que você pode apresentar em relação às outras pessoas para o cargo?
- Quais são seus principais pontos fortes?
- Quais são seus principais pontos fracos?
- O que você espera do trabalho?
- Qual é seu estilo fundamental no trabalho, isto é, quais são seus comportamentos mais característicos?
- O que você sabe sobre a empresa?
- Usualmente, como você se relaciona com os colegas? E com o chefe?
- O que é mais importante para você na vida? E no trabalho?
- Como é a sua personalidade?
- Cite três coisas de que você gosta muito.
- Cite três coisas de que você não gosta.
- Descreva uma situação difícil que você enfrentou e como você agiu.
- Houve algum objetivo que você não conseguiu atingir no último emprego?
- Como era seu ex-chefe? E a empresa anterior?
- Quais são seus objetivos de carreira e como esse emprego se encaixa no seu plano?
- O que mais o motiva no trabalho?

Capítulo 5

ADMISSÕES

Vamos supor que tenha havido uma seleção cuidadosa e que um profissional tenha sido escolhido para ocupar determinado cargo. Todas as condições foram devidamente esclarecidas: o que a empresa espera dele, o que oferece, quais são as reais condições de trabalho etc. Negociações encerradas, é hora da admissão, que deve ser gerenciada com eficiência também.

É no processo de admissão que se estabelecem as bases do contrato psicológico entre a empresa e o futuro colaborador, e entre este e o chefe.

Estabelecimento de um contrato psicológico eficaz

O termo *contrato psicológico* foi criado por Karl A. Menninger, psiquiatra e professor da Harvard, em 1963, e descreve as relações entre o médico e seu paciente, e vem tendo uso em recursos humanos desde o início da década de 1970. Indica a troca de expectativas entre a organização e o colaborador. É um contrato natural, que não precisa estar escrito, mas que diz o que a organização espera da pessoa e o que dá, e vice-versa. É de extrema importância porque cria as atitudes de uns em relação aos outros e, como disse Menninger, “atitudes são mais importantes que fatos”.

As expectativas do empregado relacionam-se com segurança, remuneração, reconhecimento formal e informal, possibilidade de crescimento, ambiente de trabalho, entre outros pontos. Por outro lado, a empresa espera que o colaborador desempenhe satisfatoriamente suas funções, que mantenha lealdade para com ela, que tenha um adequado nível de adesão e envolvimento etc.

Há, paralelamente, contratos psicológicos entre o chefe e seu subordinado e entre este e os colegas. Se tais contratos foram estabelecidos eficientemente, se são adequados, as relações tendem a transcorrer da melhor maneira, com ganhos em produtividade e satisfação geral. Se isso não ocorrer, porém, as relações podem ou "desandar" de vez ou manter-se em níveis variáveis de tensão, o que compromete um pouco mais ou um pouco menos tanto a produtividade quanto a satisfação no trabalho.

No processo de recrutamento, seleção e admissão, o futuro colaborador mantém-se com o nível de atenção máximo, observando cada detalhe do comportamento da empresa. Essas "dicas" vão permitindo que se identifiquem as condições do contrato. No processo de admissão propriamente dito, há oportunidade para "acertar os ponteiros" adequadamente e para buscar uma sintonia perfeita entre anseios das partes e verificar os potenciais de realização.

O contrato psicológico, para ser eficiente, tem de ter os seguintes componentes:

Excelente comunicação – O ideal é que haja explicitação de expectativas e promessas. Isso dá clareza às condições de relacionamento e evita mal-entendidos posteriores.

"Jogo limpo" – Qualquer percepção de má-fé ou de esperteza na construção ou administração do contrato pode levar à sua ruptura.

Negociação – Nem sempre é possível harmonizar perfeitamente todos os interesses. Havendo uma negociação eficaz, as partes aceitarão de bom grado tais limitações.

Ausência de coação – Qualquer imposição eliminará a perspectiva de contrato. É a diferença entre obediência e aceitação da liderança.

Cuidados a serem adotados nas admissões

Dentro desse quadro, há muito que o gestor pode fazer para que o processo de admissão venha a contribuir para a solidificação e eficiência na relação entre empresa e colaborador, entre este e o chefe, e entre o colaborador e os colegas. Alguns comportamentos recomendados:

- Discussão e revisão clara e cuidadosa com o colaborador de tudo o que foi estabelecido no processo seletivo: condições de trabalho, remuneração etc.
- Observação do cumprimento dos procedimentos formais de registro, documentação, formas e processos. Qualquer negligência ou desatenção aqui pode ocasionar sérios problemas.
- Observação cuidadosa do comportamento do futuro colaborador no processo admissional, visando verificar se ele está fazendo sua parte no contrato psicológico.
- Esclarecimento de dúvidas que tenham surgido posteriormente ao processo seletivo.
- Providências para que as propostas sobre condições de trabalho se materializem imediatamente.

Valorizando a entrada do novo colaborador

A entrada de um novo empregado é um evento significativo, não só na vida profissional deste, mas também na própria estrutura do grupo em que ele vai trabalhar. De um lado, ele está em um momento importante de sua vida profissional, com as emoções afloradas; de outro, ele pode vir a ser uma contribuição importante para a maior satisfação dos colegas, ou um problema. É importante que o gestor busque os caminhos para que a admissão seja marcada positivamente.

É preciso celebrar a entrada do novo empregado. A celebração cria um clima favorável, que afetará positivamente tanto o comportamento do novo colaborador quanto preparará o espírito dos que já integram o grupo. Dentro das condições da estrutura e da cultura local, o gestor deve criar uma cerimônia ou um ritual que valorize a entrada do novo. Não é necessário ser nada sofisticado ou espetacular, mas um pequeno ritual de admissão será significativo. Pode ser, por exemplo, um pequeno brinde de boas-vindas ou uma cerimônia discreta.

Capítulo 6

INTEGRAÇÃO DO NOVO COLABORADOR

A entrada em um novo emprego usualmente constitui-se em um período tenso para uma pessoa. Ela tem muitas dúvidas e muitas apreensões: Será que vai se adaptar bem? Será que alguma surpresa desagradável a espera? Desempenhará suas funções de acordo com as expectativas do novo chefe e da empresa? As condições de trabalho serão boas?

Em algumas empresas, esse período torna-se ainda mais traumático, pois a pessoa é atirada na arena do trabalho sem uma preparação maior. Acaba enfrentando problemas que, para ela, são desconhecidos, em situações não experimentadas, e coisas eventualmente simples acabam ganhando complexidade e ocasionando dificuldade de adaptação.

É fundamental ter um programa de integração de novos empregados. Se a empresa tem um programa formal, o gestor deve colaborar com este e fazer a sua parte. Se a empresa não tem, nada impede que ele o implante em sua área, para gerir adequadamente o seu pessoal.

Problemas de integração

A integração a uma nova organização é um processo complexo, que envolve inúmeros aspectos:

Cultura da empresa – Cultura, resumidamente, é a maneira de sentir, pensar e agir de uma comunidade. Em qualquer organização, há sentimentos reinantes sobre a concorrência (às vezes hostis, às vezes amistosos), os clientes, os fornecedores, o trabalho etc. Há modos de pensar específicos e modos de agir próprios também. A cultura poderá admitir certo nível de divergência individual, mas, havendo uma diferença acentuada entre condutas, sentimentos, pensamentos e ações do indivíduo e os definidos culturalmente, isso seguramente será fonte de rejeição e de tensões.

Mapa "humano" da empresa e da área – Quem é quem na organização, além daquilo que está formalmente definido? Cada gerente tem um estilo, um jeito de ser, preza determinadas coisas ou não gosta de outras. O novo colaborador ou colaboradora poderá se defrontar com surpresas em seu caminho. Se tiver uma visão adequada das principais características do mapa "humano", isso será de grande valia.

Desempenho na função – Ninguém desempenha 100% bem uma função imediatamente, pois as funções não existem no vácuo, mas estão conectadas ao sistema da empresa. Não basta conhecer o trabalho e ser bem formado; é preciso adaptar-se ao sistema local.

Conexão com outras funções – O desempenho isolado não é tudo. Como toda função tem ligação com outras, é necessário fazer a devida sintonia. Um profissional depende de outros e outros dependem dele; essa relação funcional pode trazer problemas para o novo.

Colegas-problema – Eventualmente, registra-se a presença de pessoas problemáticas no contexto da organização. Há as paranóicas, as irritadiças, as pessimistas, as que têm hábitos ruins como a fofoca ou a maledicência etc. De um jeito ou de outro, a organização deve lidar com tais pessoas, e quem chega também precisa aprender meios produtivos de fazê-lo. Surpresas nessa área podem ser muito comprometedoras.

Usos e costumes – As pessoas de uma organização ou área de trabalho eventualmente acham (mas não deveriam achar) que quem chega tem obrigação de conhecer usos e costumes locais. Reagem com hostilidade a quem as contraria. Boa informação elimina problemas também nessa área.

Processos formais de integração

Processos formais de integração em empresas mais organizadas usualmente supõem:

a) Explanação adequada sobre
   - A empresa, com breve histórico e descrição de seus produtos;
   - O organograma e a localização do departamento em que o novo colaborador vai trabalhar;
   - Políticas, processos e normais gerais da empresa;
   - Normas de segurança;
   - Sistemas de comunicação;
   - Serviços para os empregados.

b) Visitas
   - Às instalações gerais;
   - Às áreas que se relacionam com o departamento em que o colaborador vai trabalhar.

c) Exercícios eventuais de segurança, demonstrações etc.

d) Distribuição de folhetos, regulamentos e manuais explicativos.

e) Apresentação a pessoas ou áreas relevantes.

Quando isso é feito institucionalmente, o gestor já recebe o novo colaborador com um maior grau de preparação para o início do trabalho. Quando a empresa não faz uma integração formal, o gestor deve suprir essa falta.

A integração como função do gestor

A integração, no âmbito da área, é a mais importante. Pressupõe, no mínimo, o seguinte:

- Orientação geral sobre o trabalho da área: processos, objetivos, dificuldades e problemas;
- Orientação geral sobre a função: interconexões, objetivos, processos etc.;
- Apresentações a todos os membros do departamento e a pessoas-chave de outras áreas;
- Localização: onde se encontram materiais, informações e recursos que serão úteis ao trabalho;
- Orientações sobre as personalidades e comportamentos mais "diferenciados" da área: o mapa "humano" local. Tais orientações devem ser dadas de modo cuidadoso pelo gestor, para não criar predisposições negativas. O tom positivo, com foco na excelência dos relacionamentos, deve prevalecer;
- Normas e costumes locais;
- Outros aspectos relevantes.

Em síntese, a pessoa tem de se sentir bem-vinda, bem informada e bem orientada para as funções. Nesse trabalho, o gestor pode e deve envolver outras pessoas, e pedir apoio. Mas não pode, jamais, delegar completamente a função de integrar.

Capítulo 7

TREINAMENTO NO TRABALHO

Durante a Segunda Guerra Mundial, de 1939 a 1945, houve necessidade de um significativo aumento na produção das empresas, ao mesmo tempo em que novos trabalhadores menos qualificados chegavam aos postos de trabalho. Nesse contexto, nos EUA, os ocupantes de um cargo que estava em sua primeira fase de existência, o de gerente de pessoal, juntaram-se a professores das áreas de Ciências Sociais para criar um programa de fácil aplicação para um treinamento rápido de operários e técnicos. Surgiu, então, um programa bem-sucedido chamado TWI (*Training Within Industry*), ou seja, treinamento no local de trabalho, que, por sua eficácia, acabou sendo adotado em todo o mundo, inclusive no Brasil, um país no qual o processo de industrialização estava no início do seu desenvolvimento.

O TWI estabelecia com clareza que o treinamento do pessoal era responsabilidade do supervisor, palavra usada aqui em sentido amplo, significando aquele que está em cargo de direção. Uma frase do programa dizia: "Se o subordinado não aprendeu é porque o supervisor não ensinou". Os gerentes mais antigos lembram-se bem dela, provavelmente por terem participado de cursos que o Senai oferecia nas empresas. Por sua atualidade, essa frase bem pode ser relembrada nos dias de hoje. Continua valendo a idéia de que o treinamento e o desempenho do pessoal são responsabilidades do gestor. Atualmente, muitas vezes se percebe que essa função é negligenciada, por várias razões:

Pressa e correria no processo de gestão, sem tempo para a orientação do pessoal: Essa pressa acaba resultando em mais desconhecimento e mais erros, o que demanda mais tempo, tornando as pessoas ainda mais ocupadas. É um círculo vicioso que não convém à produtividade. É fundamental ter tempo para treinar, pois isso aumenta a produção dentro do tempo existente, ampliando os resultados e o tempo disponível; é o conceito de produtividade: fazer mais com menos.

Idéia errada de que as empresas têm amplas escolhas na seleção de pessoal e que por isso devem contratar pessoas que já sabem: Ora, ninguém chega a uma empresa suficientemente treinado. Cada função, cada empresa e cada tarefa é diferente, e há necessidade de treinamento específico.

Idéia errada de que os empregados, e apenas eles, devem ser responsáveis pelo seu próprio desenvolvimento e devem "se virar": Ninguém consegue adivinhar objetivos, expectativas e necessidades de uma organização ou área específica. Pessoas com boa vontade em aprender precisam ter, do outro lado, pessoas com boa vontade em ensinar, para que as coisas efetivamente funcionem.

Falta de percepção do gestor sobre seu papel: Ele não se vê como responsável por nenhum tipo de treinamento, pois "isso é responsabilidade do RH". Em que pese o fato de o RH realmente cuidar do treinamento geral, é fundamental que o gestor cuide do específico, do interesse imediato de sua própria área.

Treinamento e produtividade

Produtividade é fazer o trabalho conforme o previsto, em termos de padrão de qualidade e cumprimento dos objetivos, com o menor uso de recursos: pessoas, máquinas, materiais e dinheiro. Para que se consiga isso é necessário qualificação: conhecimento dos objetivos e expectativas, conhecimento dos métodos e processos, habilidades específicas no uso de máquinas e materiais etc. Essa qualificação, por sua vez, só pode advir do treinamento, o que estabelece a seguinte seqüência:

TREINAMENTO → QUALIFICAÇÃO → PRODUTIVIDADE

FOCO DO TREINAMENTO	CONDIÇÕES PARA BOM DESEMPENHO	RESULTADOS
• Conhecimento de métodos e processos • Conhecimento da empresa • Conhecimento de materiais e equipamentos • Normas de segurança • Atitudes e valores • Emoções produtivas • Ética e responsabilidade	• Intelectuais • Emocionais • Habilidades	• Quantidade • Qualidade • Atendimento aos padrões • Realização dos objetivos • Ausência de resultados colaterais negativos

Estabelecendo sistemas de treinamento no trabalho

Entendendo o seu papel no que diz respeito à qualificação do pessoal, o gestor pode definir um sistema de treinamento sob medida para a sua área. As seguintes atividades devem ser contempladas para o estabelecimento desse sistema:

Levantamento de necessidades de treinamento

Isso se faz por meio:

a) Da observação das pessoas no trabalho, seu comportamento, suas respostas emocionais, sua forma de proceder nas várias tarefas;
b) De conversa com os liderados: Quais são seus problemas e dificuldades? O que poderia melhorar em seu desempenho por meio de treinamento? O que lhes falta em termos de qualificação para a realização plena dos objetivos?
c) Avaliação dos resultados departamentais em termos quantitativos e qualitativos;
d) Busca de *feedback* entre "clientes" internos e externos do departamento.

Avaliação das oportunidades de treinamento supridas pela empresa

O que a área de Recursos Humanos oferece? Como as lacunas de qualificação locais podem ser supridas por esses recursos?

Definição de necessidades específicas não atendidas

Que necessidades seriam mais bem atendidas por ação local do departamento?

Definição dos meios viáveis para treinamento no âmbito local

Isso inclui o treinamento direto no trabalho e outros recursos internos e externos que podem ser usados.

Estabelecimento de um programa interno de treinamento

É sempre conveniente definir um programa formal, com metas, recursos e cronograma.

Mobilização dos recursos para treinamento

Isso implica juntar material de desenvolvimento, delegar tarefas de treinamento para pessoal da área, contratar serviços externos etc.

Em síntese, o gestor, com o apoio de seu pessoal, define quais são as carências e como deverão ser supridas. A partir disso, estabelece-se um programa, que será posto em execução pelo grupo, de forma participativa e envolvente. Todos contribuem para o crescimento de cada um e cria-se internamente uma *organização de aprendizagem*, para usar um termo de Peter Senge.

Formas criativas de treinar

Muitos gestores são hábeis em descobrir e usar formas criativas de desenvolver a qualificação do pessoal. Com motivação específica e criatividade pode-se fazer muito. Por exemplo:

- Pode-se alugar um filme comercial que traga uma mensagem relevante e projetar no departamento, para posterior discussão. Por exemplo: o filme *A Fraude* conta a história do financista Nick Leeson que, com suas operações fraudulentas, levou à falência o Banco Barings, o mais antigo do mundo. Proporciona uma excelente discussão sobre o relaxamento dos controles internos, negligência de pessoal, falta de fiscalização etc. Há livros sobre filmes[2] comerciais e seu uso no desenvolvimento.
- Pode-se dar uma tarefa a um colaborador ou equipe. Por exemplo: pode-se pedir a um profissional ou a uma equipe que expli-

[2] Veja, por exemplo, *Em Cartaz*, de Ricardo de Almeida Prado Xavier, Editora STS.

que aos demais sobre determinado procedimento ou pode-se pedir a um vendedor experiente que fale sobre suas estratégias.

- Pode-se distribuir cópias do trecho de um livro ou recorte de jornal e pedir para as pessoas lerem, para uma posterior discussão em grupo. Ou pode-se ler um pequeno trecho para abrir uma breve discussão a cada dia.
- Pode-se alugar um DVD de treinamento específico, com enfoque em necessidades que tenham sido identificadas. Há excelentes vídeos de treinamento[3] em todas as áreas.

Em síntese, pode-se aprender com conversas, leituras, programas de televisão, vídeos, visitas, viagens, jogos etc. É uma questão de querer e de buscar os recursos.

---

3 Veja, por exemplo, em <www.siamar.com.br>.

Capítulo 8

ACOMPANHAMENTO E AVALIAÇÃO DO DESEMPENHO

O conceito de avaliação de desempenho pode ser visto de diferentes ângulos. Em termos gerais, a avaliação de desempenho faz parte necessariamente do processo de dirigir pessoas. Pode-se dizer que desde o momento em que se estabeleceu a primeira relação de parceria produtiva, em hierarquia ou equipe horizontal, ocorreu a necessidade de avaliar. Em sentido mais restrito, no contexto da administração de empresas, uma ciência que se desenvolveu a partir do século XIX, a avaliação de desempenho é parte do trabalho do gestor, que possui uma metodologia própria e um desenvolvimento específico como instrumento de trabalho.

Como parte do trabalho do gestor, a avaliação de desempenho tem duas dimensões. A primeira diz respeito aos programas e processos formais e institucionais de avaliação, isto é, uma estrutura adotada pela empresa para levar os dirigentes dos vários níveis hierárquicos a avaliarem formalmente seus subordinados. Essa avaliação formal serve para orientar políticas formais de pessoal, como promoção, aumentos salariais, demissões, transferências etc. A segunda dimensão diz respeito ao trabalho do gestor propriamente dito, o processo gerencial, no qual avaliar é imprescindível, independentemente do programa formal da empresa. Há empresas que não possuem sistemas formais de avaliação, nem por isso os gestores devem ou podem abrir mão da função de avaliar, como parte de seu trabalho.

A avaliação formal do desempenho

Taylor, o chamado pai da administração científica, foi pioneiro em definir formalmente a necessidade de acompanhar o desempenho do trabalhador, registrar seus movimentos, os tempos usados nas várias tarefas, a produtividade etc. Porém, a avaliação de desempenho formal surgiu no contexto da chamada escola de relações humanas e seus seguidores estão ligados à prática de gestão.

Os modelos e sistemas variaram no decorrer do desenvolvimento da pesquisa em administração. Inicialmente, os sistemas consistiam em listas formais de qualidades e itens de desempenho (zelo no trabalho, pontualidade, assiduidade etc.) que o gerente manuseava, dando pontos em cada um dos itens para o avaliado.

Com o passar do tempo, tais sistemas ganharam roupagem mais abrangente, sofisticada e apropriada, incluindo uma real visão das competências estrategicamente requeridas pelas empresas, além de formas de avaliação que incluem avaliações coletivas e ascendentes. Por exemplo: os chamados sistemas de avaliação 360 graus estabelecem que não apenas o superior imediato faça a avaliação da pessoa ocupante de um cargo, mas também colegas, subordinados e até mesmo pessoas de outras áreas ("clientes" e "fornecedores" internos). Questionários detalhados são preenchidos geralmente *on-line,* e dão seus resultados oferecendo uma visão bastante abrangente do desempenho da pessoa, o que, entre outros pontos, constitui uma excelente orientação para autodesenvolvimento.

O sucesso de qualquer programa formal de avaliação depende, em última instância, do gestor. Os seguintes comportamentos são recomendados:

O gestor deve dar apoio integral ao programa formal instituído pela empresa – Ainda que ele não concorde integralmente com a forma de avaliação adotada, deve fazer o possível para que a avaliação seja a mais eficiente. O ato de questionar e sugerir eventuais mudanças tem de ter momento e forma certos, e não deve prejudicar a eficiência da avaliação em curso.

- **O gestor precisa fazer o esforço necessário para compreender integralmente o sistema adotado pela empresa, para usá-lo com a máxima eficiência e orientar devidamente seu pessoal no uso** – A não compreensão é, freqüentemente, a razão das restrições na aceitação. Como usuário e beneficiário do sistema, o gestor deve ter não só interesse em aplicar bem mas também a responsabilidade de apoiar conscientemente o que a empresa adota.
- **O gestor tem de levar a sério o processo, evitando que ele desvie sua função ou converta-se em formalismo inútil** – Muitas vezes, o gestor faz os procedimentos de avaliação requeridos e pede a seu pessoal que o faça, mas sem dar a devida importância ao processo. Tudo se converte em uma obrigação burocrática sem valor. Eventualmente, realizam-se os procedimentos, mas já visando conquistar um aumento ou uma promoção para alguém. Esses desvios comprometem o sistema e, em última instância, desqualificam o papel do gestor. É necessário levar a sério os processos da empresa.

Avaliação do desempenho como função do gestor

Conforme foi mencionado, há uma outra dimensão do trabalho de avaliar, que pode seguir paralelamente ao programa formal da empresa, ou até suprir sua falta quando ele não existe. Trata-se da avaliação como função do gestor, um trabalho inevitável do ato de gerenciar (veja a figura 2, na página seguinte).

Um processo gerencial de avaliação

Independentemente do sistema da empresa, todo gestor deve avaliar regularmente cada um de seus subordinados e a equipe. Essa regularida-

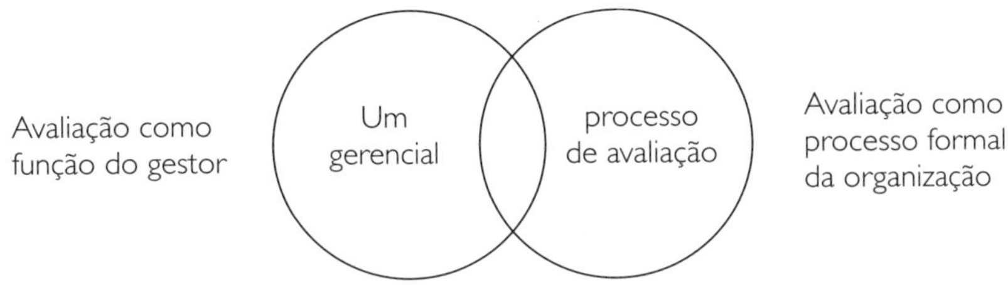

Figura 2. Avaliação: função gerencial e processo organizacional

de pode ser variável em decorrência das condições locais, e a forma de avaliar também pode ter alguma variação. Na verdade, é um processo que necessariamente interage com o gerenciamento do dia-a-dia, e assim deve ser visto.

A avaliação pode ser feita com o uso do chamado PDCA (veja figura 3, abaixo), ou Ciclo de Shewhart, ou ainda, Ciclo de Deming[4]. O processo,

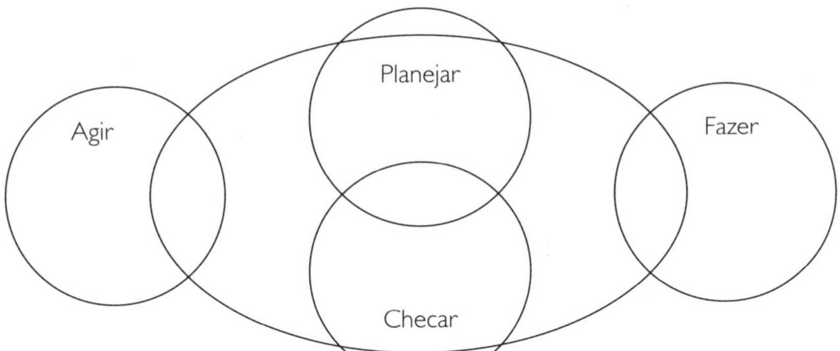

Figura 3. O ciclo PDCA

---

[4] O PDCA foi criado ainda no século XX por Walter A. Shewhart, cientista da Bel Laboratories e mentor de W. Edwards Deming, que se tornou um dos grandes nomes da qualidade empresarial, o que levou à criação do Prêmio Deming.

que é válido pela extrema simplicidade e facilidade de manuseio, inclui as seguintes etapas: Planejar (P, de *to plan* em inglês), Fazer (D, de *to do*), Checar (C, aqui incorporado da palavra recém-adquirida do inglês, *to check*) e Agir (A, de *to act*), no sentido de adotar uma conduta de continuidade ou mudança para melhor.

O processo de avaliação de desempenho pode funcionar da seguinte maneira:

a) Decide-se a periodicidade que seja mais conveniente para as avaliações individuais e em equipe da área.

b) No tempo certo, o gestor reúne-se com cada subordinado e passa pelas etapas, conforme descrito a seguir:
   - **Planejar**: discute-se como a pessoa vem desempenhando suas funções, o que está bom, o que precisa melhorar e quais os caminhos para essa melhora. A partir dessa discussão, definem-se objetivos (o que se quer atingir em termos de desempenho da pessoa avaliada) e estratégias (o que fazer para que ela consiga realizar as metas previstas).
   - **Fazer**: seguindo o plano traçado, o avaliado e o gestor fazem o que ficou definido para que as metas de desempenho sejam realizadas. Da parte do gestor, ele vai agir no suporte, providenciando o treinamento que ficou combinado, introduzindo uma mudança ou buscando um recurso, por exemplo. Da parte do avaliado, ele irá aprender algo, mudar uma conduta, adotar um novo processo etc.
   - **Checar**: no decorrer do desenvolvimento dos trabalhos no dia-a-dia, o gestor mantém a observação sobre o desempenho do avaliado. Vai checar se as coisas estão transcorrendo como o previsto, se o plano se mantém ou se uma modificação é recomendável ou vantajosa.

- **Agir**: em decorrência das necessidades identificadas, o gestor age na interação com o subordinado.

c) O processo é repetido com a equipe.

SISTEMA SMART

Há um sistema de definição de objetivos bastante popular entre administradores, que derivou provavelmente de práticas de gestores do serviço público inglês. É o chamado SMART (um acróstico e trocadilho, pois *smart*, em inglês, quer dizer inteligente). Segundo esse método, os objetivos ou metas (aqui usamos como sinônimos) devem ser:

Specific – Específicos
Measurable – Mensuráveis
Achiavable – Realizáveis, viáveis, factíveis
Relevant – Relevantes
Time oriented – Situados no tempo

Para que o processo funcione bem, seja no âmbito individual, seja no âmbito da equipe, existem algumas condições:

- Conversas francas, abertas, com real foco no desenvolvimento e crescimento do subordinado ou da equipe;
- Eliminação de preconceitos e vieses por parte do gestor;
- Gestor com genuína capacidade de ouvir e compreender as razões dos avaliados;
- "Jogo limpo", parceria verdadeira para o crescimento de todos;
- Boa informação: o avaliador deve ter registros adequados e documentar bem as lacunas no desempenho do subordinado ou da equipe;
- Esforço real para que os planos sejam executados e o sistema funcione.

Capítulo 9

ATITUDES NEGATIVAS NO TRABALHO

O gestor efetivamente empenhado em atingir a excelência tem de observar atentamente o comportamento da equipe como um todo e de cada colaborador em particular. A observação atenta de cada um poderá mostrar que eventualmente esse ou aquele colaborador *é* "do contra" sistematicamente, ou *está* "do contra". A pessoa que é ou está "do contra" costuma fazer esforços para que as coisas não se realizem como deveriam. Se nenhuma providência for tomada, a pessoa "do contra" poderá contagiar colegas e fazer com que a motivação da equipe caia. Essa é uma questão das mais relevantes: o peso das atitudes no trabalho.

O que são atitudes e seu peso sobre o desempenho

O sentido da palavra *atitude*, muito importante para todos os que atuam na área de gestão, freqüentemente é desconhecido. Muitos usam o termo em sentido inadequado, ocasionando confusão sobre o que, afinal, isso quer dizer. A BVS[5], Biblioteca Virtual em Saúde, tem um glossário que

[5] <http://decs.bvs.br/cgi-bin/wxis1660.exe/decsserver/>.

reúne definições universais para termos de importância para a pesquisa ou prática profissional na área. Eis a definição que apresenta para *atitude:*

ATITUDE

Uma predisposição adquirida e duradoura a agir sempre do mesmo modo diante de uma determinada classe de objetos, ou um persistente estado mental e/ou neural de prontidão para reagir diante de uma determinada classe de objetos, não como eles são, mas como são concebidos.

Vamos entender o que isso quer dizer:

Atitude é uma predisposição para agir: não é a ação, mas o que vem antes dela, algo que a causa.

Agir sempre do mesmo modo: isto é, a atitude faz a pessoa repetir determinado comportamento quando aquela classe de objetos aparece.

Diante de uma determinada classe de objetos: o que são esses objetos? Um tipo de pessoa, uma idéia abstrata, uma situação. Por exemplo: a pessoa que tem preconceito (que é uma forma de atitude) reage negativamente sempre que o objeto do seu preconceito se manifesta (a presença de uma pessoa negra, por exemplo).

Estado mental e neural de prontidão: isto é, a atitude está dentro da mente da pessoa e comanda, até certo ponto, seu comportamento.

Uma determinada classe de objetos, não como eles são, mas sim como são concebidos: isto é, a percepção da pessoa é que conta, não os objetos reais.

As atitudes antecedem a ação. Se a atitude for negativa, a ação não poderá ser favorável ao objeto, qualquer que seja ele. Por outro lado, como a atitude é percepção, se esta estiver distorcida, a ação também tomará rumo inadequado. Vejamos alguns exemplos que tornarão a compreensão mais fácil:

ATITUDES NEGATIVAS	COMPORTAMENTOS INADEQUADOS	RESULTADOS INADEQUADOS
Com relação ao trabalho em equipe: o sujeito "não acredita" em trabalho em equipe e acha que sempre há exploradores	Tende a rejeitar qualquer participação. Não coopera e não busca cooperação	Trava os processos de trabalho da área
Com relação à autoridade: acha que todo chefe é malandro	Tem uma visão distorcida sobre o próprio chefe. Mantém-se na defensiva quanto às orientações do chefe e tenta fazer liderança informal negativa, "abrindo os olhos" dos colegas quanto à "esperteza" do chefe	Compromete a autoridade do chefe e cria animosidades contra ele
Com relação ao programa de qualidade: acha que a empresa quer qualidade e não dá nada em troca	A visão negativa distorcida faz com que não só evite colaborar mas também conspire para que os eventos da qualidade não tenham sucesso. Faz piadinhas, insinuações maldosas e reclama	Atrapalha a propagação de valores fundamentais para a empresa

Como se formam as atitudes?

Por meio de experiências marcantes ou repetidas que a pessoa teve na vida: por exemplo, pessoa que teve uma experiência negativa traumática com um chinês tende a generalizar uma visão distorcida, achando que todos os chineses são traiçoeiros. Por outro lado, a pessoa conheceu quatro pessoas magras que eram espertas, e tende a desenvolver a visão distorcida de que os magros são espertos.

Por meio de informação recebida, relatos que ouviu, leituras que fez: tudo isso pode levar à formação de atitudes positivas ou negativas. A pessoa muitas vezes não consegue perceber que as informações que recebeu são parciais e imperfeitas.

Projeção de frustrações e ansiedades pessoais: o indivíduo está sofrendo com o desemprego e percebe que duas colegas suas não tiveram dificuldade em se empregar. Projeta na figura feminina suas ansiedades e tende a desenvolver atitudes negativas quanto à participação da mulher no trabalho.

O problema é que as atitudes acabam tendo uma vinculação emocional e que, na maioria das vezes, são inconscientes, isto é, a pessoa nem se dá conta de que as tem. Assim, a pessoa age impulsionada por "comandos" mentais que nem reconhece como existentes. Em virtude disso, a mudança de atitude nem sempre é um processo fácil. Mas, do ponto de vista do gestor, ele tem de atuar, de um jeito ou de outro, ao observar atitudes negativas no ambiente de trabalho.

Atitudes negativas usuais

A atitude costuma ter uma característica: é positiva ou negativa. Quando é positiva, a pessoa reage com aprovação, aceitação e motivação quando o objeto se apresenta. Quando é negativa, a pessoa reage com rejeição, barreira emocional e desconforto quando o objeto se apresenta.

Eis alguns tipos de atitudes negativas que um colaborador pode manifestar e que trazem problemas para o trabalho:

Com relação a um tipo de pessoa: por exemplo, há pessoas que reagem desfavoravelmente diante do sexo oposto, de pessoas de outras nacionalidades ou etnias, de pessoas de outras profissões.

Com relação à autoridade: há pessoas que têm fortes atitudes negativas com relação ao poder e seus ocupantes. Ficam sempre "com um pé atrás" ou na defensiva no relacionamento com superiores hierárquicos.

Com relação ao trabalho: há alguns que vêm o trabalho como um processo de "exploração do homem pelo homem", e acham que quem dá mais de si no trabalho é bobo.

Com relação às empresas em geral ou a uma empresa específica: algumas pessoas não acreditam nas empresas. Acham que são exploradoras, que tiram tudo dos empregados e dos clientes e não dão nada em troca.

Com relação a certos tópicos do trabalho: por exemplo, há pessoas que reagem mal à idéia de modernização, à informática, ao treinamento etc.

Buscando mudanças de atitude

O gestor não é terapeuta e não deve assumir esse papel. Portanto, não pode entrar em discussões infrutíferas sobre as atitudes de um colaborador e suas causas profundas. Porém, tem de agir ao perceber atitudes negativas, para que não contaminem o ambiente e não prejudiquem o processo de trabalho. Algumas recomendações de conduta:

- Acompanhe seu pessoal e identifique eventuais atitudes negativas;
- Após identificá-las, documente-se adequadamente, porque o colaborador poderá tentar "escapar" quando você for discutir essas atitudes negativas com ele;
- Essa documentação é o registro de comportamentos que denotam atitudes negativas. Por exemplo: um recorrente modo de competir com uma colega (por machismo), um olhar de escárnio quando se fala dos objetivos da organização (o que denota atitude negativa em relação a ela);
- Após documentar-se bem, peça opinião de colegas sensatos ou até mesmo de colegas do colaborador. Isso não deve ter o caráter de julgamento, inquisição ou busca de culpado, mas sim o intuito de ajudar, para o bem de todos, principalmente do próprio colaborador. "Jogo aberto" é o ideal;
- Após formar um quadro mais claro e apropriado, chame o colaborador para conversar sobre o assunto. Nessa conversa, em tom franco e cordial, diga que vem observando algum problema em relação a colegas do sexo feminino ou de políticas da empresa etc. Muitas vezes, a própria menção já "desarma" o colaborador, por permitir que ele tome consciência de suas atitudes negativas (que são inconscientes e emocionais) e busque melhora;
- Ouça o colaborador devidamente, ponha-se à disposição para ajudar, mas mantenha-se firme dizendo que atitudes negativas atrapalham o ambiente de trabalho e não podem ser aceitas;
- Caso não haja melhora, busque novas conversas, tornando-se mais firme das próximas vezes;
- Se necessário, ofereça recursos extras para o desenvolvimento do colaborador, como um curso específico.

Capítulo 10

LIDANDO COM PROBLEMAS DE DESEMPENHO

O desempenho é o xis da questão quando se trata de gestão de pessoas. Ora, as pessoas são contratadas para realizar um determinado trabalho e atingir determinados resultados. Se conseguirem trabalhar eficientemente e atingirem os resultados propostos, os objetivos da contratação terão sido atingidos; caso contrário, providências devem ser tomadas.

Vista a questão pela perspectiva do empregado, o desempenho é também o ponto mais relevante para o desenvolvimento da carreira. Se a pessoa é eficiente e produtiva, sua *empregabilidade* e sua elegibilidade para promoções ampliam-se significativamente. Porém, se ela tem dificuldade para atingir as metas, tudo se complica. Ter um bom desempenho é um interesse legítimo e estratégico de qualquer profissional.

Do ponto de vista do gestor, que atinge resultados por meio do trabalho de outras pessoas, o desempenho de cada um é crítico, assim como o da equipe. Problemas de desempenho expõem o gestor a dificuldades, e logo ele próprio será questionado como líder. Será que é qualificado? É a pergunta que necessariamente advém quando alguém da equipe, ou a equipe como um todo, apresenta desempenho insatisfatório.

O que é desempenho deficiente

Há inúmeras maneiras de avaliar se uma pessoa ou equipe está tendo o desempenho satisfatório. Nenhuma delas é perfeita, mas muitas poderão ser instrumentos úteis para a orientação do gestor. Vejamos alguns caminhos para avaliação da produtividade:

Análise da produtividade comparada – Pessoas com iguais funções podem ter suas atividades comparadas. O trabalho de um caixa de banco, por exemplo, pode ser comparado ao de outro que atua na mesma agência. Quantos documentos A ou B processam por dia? Quantos clientes atendem? E quantos clientes, em média, são atendidos por caixa/dia? Após a observação por um período razoável, é possível dizer se A ou B estão desempenhando bem a função ou se estão com deficiência. Note-se que nem sempre haverá condições ideais para se avaliar. Se houver mudança na região, no perfil dos clientes ou na forma de organização do trabalho, poderão ocorrer variações significativas. O bom senso é necessário, pois, para um julgamento justo.

Produtividade versus metas – A produtividade de uma pessoa ou equipe pode ser comparada às metas estabelecidas. Se uma pessoa fica sempre acima das metas ou abaixo, isso quer dizer alguma coisa. Essa forma não é perfeita também, pois é necessário ver como as metas foram estabelecidas. Presumindo-se que haja competência na fixação de metas, porém, é de se supor que, se alguém fica cronicamente abaixo, há algo errado.

Retorno sobre investimento – Qualquer profissional tem um custo no trabalho: salário, benefícios, obrigações trabalhistas. Ele consome recursos como instalações, material etc. Por outro lado, muitas vezes é possível quantificar o que ele está produzindo. Por exemplo: quanto está vendendo, e, de suas vendas, tirados os custos, quanto sobra para a empresa? Há muitas situações viciosas em que se constata que os custos totais de um profissional são muito superiores aos resultados econômicos que produz. Nesse caso, certamente há algo errado. Ou o cargo foi mal planejado ou o desempenho está insatisfatório.

Desempenho versus potencial – Cada pessoa tem um potencial de trabalho, mas, muitas vezes, as pessoas trabalham menos ou pior do que o que seria previsível pelo seu potencial. Uma observação atenta e bem informada pode mostrar que o desempenho do profissional está aquém do seu potencial. Isso pode ocorrer porque a tarefa não é suficientemente desafiadora. Em uma tarefa mais complexa, ele poderá dar tudo de si. Talvez ele deva ser promovido, no caso. Pode ser, por outro lado, que o problema esteja no indivíduo que, por alguma razão, está "escondendo o leite" ou "fazendo corpo mole".

Desempenho versus padrão – Há padrões de desempenho universalmente estabelecidos para algumas funções. Por exemplo: uma pessoa jovem e saudável, caminhando em ritmo normal, anda por volta de quatro quilômetros por hora. Há padrões objetivos para tarefas como digitação, conferência de documentos etc.

São formas de avaliar que, na maioria das vezes, não devem ser usadas isoladamente. Uma consideração mais ampla e cuidadosa faz parte da responsabilidade do gestor. Ele deve, para fazer um julgamento mais adequado, analisar o desempenho sob três aspectos: os resultados, o processo de trabalho e as condições de base.

Causas possíveis do mau desempenho

Há diferentes causas para o mau desempenho. Por exemplo: a cultura da empresa pode ser muito "*laissez-faire*" ou permissiva, fazendo com

ANÁLISE DE DESEMPENHO		
CONDIÇÕES DE BASE	PROCESSO	RESULTADOS
Quais são os recursos disponíveis?	Que métodos estão sendo usados?	As metas estão sendo atingidas?
Qual é o nível de treinamento do profissional?	A forma de trabalho é correta?	Os padrões estão sendo observados?
Qual é a situação?	O nível de empenho está satisfatório?	O nível de qualidade é satisfatório?

que aqueles que têm tendência a "encostar o corpo" o façam. Um outro exemplo: a formação do ensino médio no Brasil e a desagregação familiar fazem com que muitas pessoas cheguem à vida adulta sem qualificação nem boas maneiras, e isso afeta negativamente o desempenho de um vendedor, por exemplo. Por outro lado, o mau desempenho pode ter sido provocado por negligência do gestor, que não acompanhou devidamente o trabalho do subordinado ou porque fez uma seleção ineficiente.

Podemos dizer que há causas próximas e causas distantes para o mau desempenho, como podemos ver no exemplo da página seguinte.

Como já observamos anteriormente, gestor não é terapeuta e não deve assumir essa função. Assim, quando estiver enfrentando problemas de desempenho, tem de evitar diálogos e análises intermináveis com o subordinado. Vale dizer que tem de chegar às causas mais próximas do desempenho e fixar-se nelas. Evidentemente, qualquer pessoa que seja criticada terá alguma reação, pois não é agradável ouvir críticas. Essa reação será maior ou menor e muitos tentarão defender-se com unhas e dentes, ou tentarão "enrolar" o chefe. Por isso, a objetividade é fundamental.

CAUSAS DO MAU DESEMPENHO		
DISTANTES	PRÓXIMAS	MAU DESEMPENHO
Fatores que não têm relação direta com o desempenho, mas que estão na raiz das causas próximas. Por exemplo: cultura nacional, política gerada na empresa, deficiências do sistema educacional, dificuldades na vida pessoal etc.	Aquilo que diretamente causa o mau desempenho: baixa motivação, qualificação precária etc.	Quantidade de trabalho insuficiente Erros Qualidade abaixo da expectativa Não cumprimento de metas

Não se trata, naturalmente, de propor que o gestor seja desumano e insensível. Por exemplo: se o subordinado está tendo dificuldades na vida pessoal, não é só ético como também gerencialmente estratégico que o gestor faça o que estiver ao seu alcance para minorar as dificuldades.

Igualmente, não se trata de exigir desempenho ótimo de quem está passando por problemas familiares sérios. Trata-se, isso sim, de gerenciar adequadamente as situações, com perspectiva humana e gerencialmente adequada para que não haja prejuízo da produtividade e das necessidades da empresa e da equipe. Se o colaborador está passando por dificuldades, pode-se, por exemplo, colocá-lo temporariamente em tarefas que exijam menos. Em todos os casos, as orientações fundamentais são:

- Não se deve conviver com o mau desempenho;

- As causas mais imediatas devem ser levantadas e atacadas;
- Com uma perspectiva humana e gerencialmente correta, o gestor deve estabelecer estratégias para que o desempenho insatisfatório seja corrigido, minimizado ou neutralizado.

Convém fazer uma análise mais ampla das causas imediatas do mau desempenho, aquelas que estão mais próximas do empregado. Costumam ser as seguintes:

- Falta de motivação;
- Falta de qualificação para a função;
- Falta de atenção do chefe, deficiência na cobrança de resultados;
- Falta de clareza sobre expectativas da empresa ou do gestor;
- Problemas do fluxo ou da organização do trabalho;
- Conflitos internos na equipe;
- Falta de maturidade do colaborador, desconhecimento do seu papel e de suas responsabilidades.

Atacando o problema do mau desempenho

Todo gestor está sujeito a simpatias, antipatias, preferências e vieses de observação. Assim, pode ocorrer que o julgamento do desempenho de um subordinado especificamente não seja objetivo. É necessário ter cuidado na avaliação, antes de tudo. Mas, havendo reais sintomas de que o desempenho não está satisfatório, o gestor tem de tomar providências imediatas, para o bem da área, da empresa e do próprio subordinado. Um bom princípio de justiça diz que a pessoa tem direito de saber como está se saindo no trabalho, para corrigir eventuais deficiências e sustentar seu emprego e sua capacidade de crescer. Assim, as seguintes providências são essenciais no caso de mau desempenho:

Documentação – Em primeiro lugar, o gestor tem de documentar-se suficientemente, munir-se de números e fatos que mostrem que o desempenho está insatisfatório. Além disso, deve também juntar evidências que registrem as possíveis causas do mau desempenho. Isso é essencial para dar objetividade à conversa com o subordinado ou com a equipe, evitando justificativas, evasivas ou acusações de subjetividade.

Entrevista – Com a devida documentação, o gestor deve chamar o subordinado para uma conversa, que deve ser feita em lugar e hora adequados, para que não haja interrupções ou perturbações. Na entrevista, o gestor deve apontar o problema do mau desempenho e pedir a colaboração do subordinado para que se faça uma mudança. Deve apresentar sua visão sobre as possíveis causas, e ouvir, com atenção e tranqüilidade, a opinião do subordinado. Depois, juntos, devem estabelecer um esquema para a mudança no padrão de desempenho.

Reunião – Caso a equipe como um todo esteja tendo um desempenho deficiente, faz-se uma reunião, com "jogo limpo", para a discussão do problema. O gestor aponta o problema, sugere as possíveis causas da sua observação e abre a comunicação, ouvindo todas as opiniões. Depois, o grupo estabelece uma estratégia para a mudança.

Acompanhamento – Feito o contrato psicológico com o subordinado ou com a equipe, o gestor passa a observar o desempenho. Depois de um tempo que julgar razoável, marca um novo encontro, seja para corrigir aspectos que não tenham sido resolvidos, seja para dizer que observou as eventuais mudanças positivas, para dar os devidos estímulos a sua continuidade.

Medidas mais drásticas – No caso de não haver a mudança no sentido ou no ritmo esperados, o gestor tem de exercer seu poder para obter melhoras. Advertências de que as coisas não estão no rumo certo são fundamentais. Deve-se dar a devida oportunidade para que o subordinado ou a equipe mudem. Caso as coisas não se revolvam, ainda que lastimando, o gestor tem obrigação de tomar outras providências, o que pode incluir mudanças impostas na metodologia de trabalho, mudanças em cargos ou em processos de trabalho, e, eventualmente, até a demissão.

Capítulo 11

LIDANDO COM ERROS NO TRABALHO

Tudo começou quando Nicholas William Lesson, um jovem e brilhante executivo de um banco inglês, o Barings Bank, que operava em Cingapura e dava lucros extraordinários para a matriz, resolveu proteger uma amiga criando uma conta fictícia para encobrir um erro que ela havia feito. A partir desse procedimento fraudulento, uma sucessão de erros foi cometida e a conseqüência foi desastrosa: um rombo que levou à bancarrota, em 1995, o banco mais antigo do mundo, de 233 anos, que se orgulhava de ter a rainha como cliente.

A amiga de Lesson havia feito um investimento errado, um erro de previsão, com uma perda de 20 mil libras. O executivo, por sua vez, cometeu um erro mais grave, fazendo algo irregular, e disse que "só queria ajudar". Outros erros vieram: dos auditores do banco, dos superiores de Lesson, e dele próprio. Erros, erros, erros e suas conseqüências.

Errar é humano, mas todo erro tem um custo. Quem vai pagar a conta? O gestor não deve ser tolerante com erros, pois qualquer frouxidão nesse aspecto seguramente fará com que eles se multipliquem. Por outro lado, um combate sistemático e persistente às fontes de erros levará a um estado de prontidão, que será o melhor remédio preventivo contra eles.

Tipos de erros e suas conseqüências

Há erros e erros e discriminar adequadamente cada tipo é fundamental para um bom gerenciamento. Os tipos de erros variam quanto às suas causas. Vejamos alguns exemplos:

Erros morais – São aqueles que decorrem da falta de virtude ou de má-fé. A pessoa, no caso, erra porque tentou obter algum tipo de benefício escuso. Pode ser algo menos grave, como uma mentirinha social sem conseqüência para proteger alguém, ou pode ser algo sério, como corrupção, fraude e roubo. Erros morais estão relacionados com os fins e com as intenções, como, por exemplo, o objetivo de ganhar dinheiro, ou com os meios, como fazer algo errado para atingir um bem. O erro moral, além dos danos materiais, pode trazer sérias conseqüências de imagem para a empresa. Além disso, em termos internos, quando não é combatido adequadamente, abala a motivação e corrói a firmeza ética e, daí para a frente, pode-se esperar tudo.

Erros de raciocínio – Freqüentemente, as situações de trabalho apresentam desafios. Nem sempre as pessoas conseguem ter o melhor raciocínio para vencê-los, o que leva a erros. Erros de raciocínio são freqüentes quando as pessoas estão em cargos com exigências acima de seu potencial. Erros de raciocínio, além de ocasionar prejuízos, afetam a motivação do empregado e a atitude dos outros em relação a ele, o que, eventualmente, cria situações insustentáveis.

Erros de decisão – Algumas decisões são de absoluta incerteza e, muitas vezes, ainda que a pessoa raciocine de modo certo, pode acabar escolhendo a alternativa menos adequada. Em algum grau, erros de decisão são inerentes à atividade de gestão. Eles são parcialmente atrelados ao raciocínio e parcialmente vinculados à intuição. Se erros de decisão são freqüentes, isso é sinal de que algo pode estar errado com a pessoa. Em condições de estresse, por exemplo, os erros de decisão tendem a ser aumentados.

Erros de informação – Há algumas circunstâncias em que as informações, por natureza, são precárias. Há outras em que as informações disponíveis são adequadas, mas o sujeito não as conhece ou não as busca. De qualquer modo, daí ocorrem os erros de informação, isto é, decisões baseadas em premissas ou informações falhas.

Erros de comportamento – O indivíduo é capaz, as informações disponíveis são adequadas, não há má-fé, mas a pessoa não levou a questão suficientemente a sério, relaxando em procedimentos. É o erro por negligência, imprudência ou imperícia.

Medidas preventivas contra o erro

ERROS, CAUSAS E MEDIDAS PREVENTIVAS		
TIPO DE ERRO	CAUSA	MEDIDAS PREVENTIVAS
Moral	Vícios, problemas de caráter	• Seleção cuidadosa do pessoal • Acompanhamento sistemático • Verificações e controles
De raciocínio	Incapacidade para a função, nível elevado de estresse, acúmulo de trabalho	• Promoções cuidadosas • Organização • Boa comunicação • Níveis de exigência adequados

ERROS, CAUSAS E MEDIDAS PREVENTIVAS		
TIPO DE ERRO	CAUSA	MEDIDAS PREVENTIVAS
De decisão	Estratégias mal formuladas, métodos e processos inadequados, delegação deficiente	• Envolvimento do gestor • Bons sistemas de planejamento • Delegação eficiente
De informação	Falta de treinamento, sistemas decisórios deficientes, desorganização e correria	• Organização • Bons sistemas de planejamento • Treinamento e acompanhamento eficientes
De comportamento	Problemas de motivação, estresse, conflitos no grupo	• Bom gerenciamento • Acompanhamento eficiente • Boa comunicação

O bom gestor procura envolver seus subordinados em um processo de prevenção contra erros. Admitindo-se a premissa verdadeira de que todos são falíveis, trabalhar contra eventuais derrapadas é fundamental. Entre outros, os seguintes comportamentos são recomendados para o gestor:

- Deve-se comunicar claramente ao colaborador quais são os objetivos de cada tarefa, o que se espera dele, quais os erros potenciais e o que fazer para evitá-los;

- Deve-se envolver a equipe na prevenção dos erros. A criação de um clima adequado em que todos se empenhem para isso faz com que eventuais derrapadas de um ou outro sejam sanadas a tempo por colegas;
- Não se deve relaxar nos controles. O ciclo gerencial não se completa eficientemente sem o controle;
- Eventuais causas de erros potenciais devem ser identificadas a tempo e medidas preventivas devem ser tomadas;
- Deve haver um treinamento contínuo para a melhoria.

Medidas saneadoras

É sempre melhor prevenir que remediar, mas, ocorrido o erro, o jeito é buscar o saneamento da situação. Algumas condutas são fundamentais:

- Identificação precisa da causa do erro;
- Medidas de aconselhamento, advertência ou punição dos eventuais culpados;
- Se houve má-fé, ainda que o erro seja pequeno e não tenha causado maiores conseqüências, deve haver demissão. Não se pode conviver com potenciais transgressores dentro da organização, sob pena de abalar o moral do grupo;
- Se houve erro moral sem maior gravidade, ocasionado por boas intenções, eventualmente uma advertência pode resolver. Mas é vital que o colaborador perceba que não se aceitam deslizes éticos;
- Erros de raciocínio, de decisão ou de comportamento levam a condutas que vão da censura até mudanças que nem sempre agradam aos envolvidos, mas podem ser necessárias;
- Em qualquer dos casos, "jogo limpo" e absoluta clareza na comunicação serão fundamentais;

- Igualmente, é fundamental uma documentação adequada do erro e das condutas adotadas;
- Antes de decidir o que fazer, o gestor tem de procurar aconselhamento de especialistas capazes de sanar eventuais deficiências de conhecimento que tenha;
- Em caso de situações que tragam potenciais problemas legais, o gestor tem de envolver o advogado da empresa nas decisões;
- Em casos mais sérios, ele sempre deve compartilhar a decisão com o seu próprio superior hierárquico ou com outros departamentos que possam ter relação com a situação (por exemplo: o departamento pessoal, o financeiro, o de auditoria).

CRITICANDO QUEM ERROU

Pessoas de valor, empenhadas e motivadas, eventualmente erram, seja por raciocínio, por distração, por insuficiência de informação. Se o gestor está efetivamente empenhado em que a pessoa cresça, não pode furtar-se a criticar. A crítica, entretanto, tem de ser feita do modo certo.

- Critica-se o comportamento ou a conduta, e não a pessoa. Em vez de dizer: "Você não pensou...", diga "Esse caminho adotado não foi o melhor...";
- Sempre se deve dar o direito de defesa à pessoa, mas nunca aceitar justificativas maliciosas ou tentativas de fugir à responsabilidade. Nesse caso, ter documentação adequada à mão é fundamental;
- Deve-se preservar a auto-estima do criticado, mas buscar a mudança ou uma prevenção contra futuros erros;
- O criticado deve obter o necessário apoio para uma mudança positiva;
- As críticas devem ser feitas reservadamente.

Respeito e dignidade

A existência de um erro não autoriza nenhum tipo de desrespeito ao colaborador. Qualquer tipo de tratamento desrespeitoso tem alto potencial de ferir a motivação da pessoa, do grupo e de trazer outros tipos de problema.

Ainda que o colaborador tenha cometido um erro moral e precise ser punido com demissão e com processo, o tratamento respeitoso faz-se necessário. Não se trata de questionar se a pessoa merece ou não tal tratamento; trata-se, isso sim, de respeito aos demais colaboradores e de postura institucionalmente correta que empresas devem ter.

Capítulo 12

COMPORTAMENTO DESLEAL NO TRABALHO

"Júlia acabara de entrar na empresa e estava tendo um desempenho bastante satisfatório, chamando a atenção do chefe. Era responsável pelo treinamento e tinha boas idéias, que logo colocou em prática, promovendo eventos que foram avaliados como muito importantes e úteis pelos participantes e seus respectivos superiores hierárquicos. Porém, começaram a surgir erros e problemas. Embora ela se esforçasse ao máximo para que tudo andasse conforme o previsto, parece que algo sempre dava errado: ora o equipamento se apresentava com defeito, ora havia desarranjos de agenda, ora apareciam falhas na comunicação com o pessoal que deveria participar de um curso.

De repente, ela teve uma suspeita: alguém estava conspirando contra ela, sabotando seu trabalho. Teve então uma conversa com o chefe, que a princípio achou que a suspeita era fantasiosa. Porém, com o passar do tempo, ele próprio começou a observar e foi percebendo que havia fundamento no que ela estava dizendo. Após um período de observação, os dois voltaram a discutir o assunto e chegaram à conclusão de que duas colegas vinham procurando "minar" as realizações de Júlia. A alternativa, dura e desagradável, foi a demissão das sabotadoras."

* * *

"A empresa, acatando sugestão de Marcos, recém-promovido ao cargo de gerente de produtos, resolveu lançar no mercado um novo modelo. Efetivamente, tudo indicava que o sucesso seria inevitável: o design era excelente, o preço era razoável, havia mercado para aquele tipo de produto. Entretanto, as vendas não decolavam e os vendedores aqui e ali faziam piadinhas sutis, desqualificando o produto. Como sua posição recém-assumida estava em jogo, Marcos resolveu sair a campo para ver o que estava acontecendo.

Para sua surpresa, acabou constatando que o 'trabalho' que estava sendo feito para a introdução do novo produto era, na melhor das hipóteses, medíocre, e, na pior, era declaradamente um trabalho 'contra'. Em condições diferentes, e agora sob vigilância estrita tanto de Marcos quanto do diretor comercial, o novo modelo foi introduzido em outra região, com outra equipe de vendas. O sucesso foi imediato, deixando patente que alguém tinha conspirado contra o produto na primeira região em que havia sido lançado. Após cuidadosas e discretas investigações, chegou-se a um supervisor de vendas que, de modo disfarçado e sutil, tinha 'feito a cabeça' dos colegas contra o produto e contra Marcos!"

* * *

"Todos trabalharam, conforme combinado, no sábado, para dar conta dos pedidos que estavam acumulados. Ficou patente que muitos estavam ali bastante contrariados, mas os atrasos foram eliminados e a empresa pôde entrar num ritmo regular e menos tenso de produção. De repente, na terça-feira, uma surpresa: a máquina mais importante subitamente teve um problema e seu funcionamento teve de ser interrompido por quatro horas para a manutenção corretiva. O pessoal da manutenção achou muito estranha aquela parada, aparentemente sem causa. Investigações preliminares mostraram que alguém havia feito algo errado com a máquina, ocasionando o problema."

* * *

As três histórias acima são fictícias, mas são similares a um sem-número de acontecimentos que afetam as empresas no seu dia-a-dia. Todas elas se referem a um único fenômeno: a deslealdade no trabalho.

Em geral, as pessoas são confiáveis e honradas. É ingênuo, então, adotar uma atitude paranóica, vendo todos como potenciais inimigos. Mas é ingênuo também imaginar que todos são anjos, todo o tempo. O mal existe, assim como existem pessoas que apostam nele como um caminho para resolver seus problemas, ou simplesmente dar expressão às suas distorções de personalidade.

Um bom gestor de pessoas acredita no bem, mas mantém-se alerta contra ervas daninhas que podem comprometer o bom andamento dos processos, o bom clima no grupo, a harmonia.

Formas de deslealdade e seu impacto sobre o moral da equipe

Podemos dizer que a deslealdade decorre de má-fé ou de falta de virtude. Há má-fé quando há intenção clara de fazer o mal a alguém ou de buscar um benefício próprio ilegítimo. Há, porém, aqueles casos mais brandos, em que defeitos pessoais levam a falhas de conduta que, direta ou indiretamente, comprometem outros ou dificultam suas realizações. Em todos os casos, deve ser combatida, pois a existência de quaisquer níveis de deslealdade mina o moral do grupo.

Quando alguém age de modo desleal, as pessoas esperam que o gestor use seu poder para restaurar a ética. Se ele não o faz, todos se sentem injustiçados, revoltados, e perdem a motivação para realizar um trabalho de valor, pois, afinal, há indicações de que a honestidade, o trabalho e a virtude não são valorizados naquele ambiente.

Como a deslealdade se manifesta? De vários modos, alguns mais explícitos, outros mais sutis e disfarçados. Vejamos exemplos:

- *Fazer corpo mole* – Por indisciplina, preguiça ou outros interesses, a pessoa "faz corpo mole" no trabalho, inventando desculpas para não fazer a sua parte como é esperado.
- *Mentiras* – A pessoa mente para justificar comportamentos indefensáveis e condenáveis seus ou de aliados. Como nem sempre há provas de que ela está mentindo, fica difícil acusá-la.
- *Imposição de obstáculos* – A pessoa cria problemas para a realização das tarefas de colegas. Atém-se, eventualmente, a regras complicadoras, inventa necessidades opostas às do colega e arma circunstâncias que dificultam o trabalho.
- *Boatos, calúnias, difamações* – A pessoa inventa "fatos" comprometedores ou antecipa divulgações que podem trazer problemas, quando apresentadas de modo inadequado. Igualmente é deslealdade falar mal de outros, comprometendo a imagem de colegas, com fatos verdadeiros ou falsos.
- *Quebra de confiança* – A pessoa desonestamente usa em benefício próprio recursos ou beneficia-se de condição que lhe foi dada por confiança.
- *Argumentação falaciosa* – A pessoa usa sua capacidade de persuasão para levar a decisões que lhe tragam benefício próprio ou que prejudiquem outros que têm boas intenções e projetos sólidos.
- *Liderança negativa* – Consiste em conspirar contra decisões da empresa ou dos superiores, "fazendo a cabeça" de colegas, veladamente.
- *Simulação* – Inventar problemas ou ampliar inadequadamente a dimensão de problemas reais, para atacar outras pessoas ou projetos que não aprova.

Atacando o problema da deslealdade

A pessoa desleal ampara-se em uma ou algumas das seguintes premissas:

a) acha que seu comportamento desonesto não está sendo percebido ou não será percebido;
b) acha que conseguirá prejudicar os outros ou colher benefícios próprios com a conduta desonesta;
c) acha que não terá problemas por sua conduta desleal;
d) acha que o caminho da ética e da honestidade é menos capaz de trazer-lhe benefício.

O combate à conduta desleal tem de atacar esses pontos. Assim:

- O gestor tem de explicitar que vem percebendo o que está acontecendo, mesmo quando não tem provas. De modo não comprometedor, mas firme, pode falar de suspeitas que tem, e mostrar que "está de olho";
- O comportamento do desleal tem de ser colocado sob foco, em cada questão, para que ele perceba que não é invisível e que suas intenções ficam expostas, caso insista no caminho errado;
- Benefícios escusos eventuais devem ser rigorosamente barrados. O gestor tem de agir com atenção em todas as questões relativas ao uso de recursos ou situações de trabalho que possam ocasionar vantagens;
- Eventuais vítimas de comportamento desleal devem receber apoio e suporte. Quando há suspeitas de que alguém está sendo "atacado" de modo desleal, essa pessoa precisa de ajuda e deve tê-la, em benefício da equipe e da organização;

- Todos devem saber que não haverá tolerância para com a deslealdade. Qualquer comportamento desleal será punido, seja com "perda de pontos" aos olhos do gestor, seja com medidas saneadoras, o que inclui uma potencial demissão;
- A adesão aos caminhos do bem deve ser premiada e reforçada positivamente pelo gestor.

Capítulo 13

PESSOAS "PROBLEMÁTICAS" NA EQUIPE

Uma rápida busca no *site* de uma grande livraria, com as palavras "pessoas difíceis", apontou cinco livros sobre o assunto e, quando se coloca a expressão "pessoas problemáticas", logo aparece mais um.[6] Se colocássemos ali alguns adjetivos a mais com o mesmo sentido (pessoas "complicadas", "chatas" etc.), seguramente mais tantos outros livros apareceriam. Isso é sinal de que muita gente busca solução para o problema de conviver com gente que causa dificuldade.

Os complicados são a regra? Bem, se respondeu sim a essa questão é bom parar para pensar. Nesse caso, há uma forte probabilidade de que você seja o problema! Pessoas que têm dificuldades permanentes com as outras na maioria das vezes são aquelas classificadas como "problemáticas", "difíceis", "complicadas", e usualmente a classificação cai bem.

Os complicados, na verdade, são exceção. A maioria das pessoas é gente com quem se pode conviver bem. Eventualmente, há problemas

---

[6] *Como Lidar com Pessoas Difíceis*, Lillian Glass, Editora Best Seller; *30 Minutos para Lidar com Pessoas Difíceis*, Cary Cooper, Clio Editora; *Porco Espinho – Aprenda a Conviver com Pessoas Difíceis*, Irmtraud Taar Kruger, Editora Melhoramentos; *Como Lidar com Pessoas Difíceis*, Alan Houel; *Pessoas Problemáticas – Como Conviver com Elas*, Joseph Dunn, Editora Madras.

aqui e ali, porque ninguém é perfeito, mas, em geral, as pessoas preferem a boa convivência e o ajuste harmonioso nas relações. Porém, como os complicados existem, é sempre bom aprender a lidar com eles.

Preconceitos e visões condicionadas

Fulano é detalhista e você é mais intuitivo e pensa rápido, desprezando detalhes. Ele se sente desconfortável em agir sem avaliar adequadamente os detalhes; você se sente desconfortável quando alguém tenta impor uma discussão de detalhes. Fulano é complicado? Ou o complicado é você? Provavelmente nenhum dos dois é; há aqui, isso sim, uma diferença de perspectiva e de forma de raciocinar, que pode e deve ser superada por meio de um relacionamento cooperativo, no qual cada um procura atender o melhor possível a necessidade cognitiva do outro. Porém, suponha que Beltrano não suporte a comunicação detalhista de Fulano e tenha uma forte reação emocional quando ela se manifesta. Qual é o problema aí? A intolerância de Beltrano, um provável candidato a pessoa difícil.

Trabalhar em equipe ou em interação com outros pressupõe:

- Superação de preconceitos raciais, sexuais, intelectuais e profissionais;
- Aceitação das diferenças no estilo de vida, nas idéias, nas formas de reagir, na visão dos problemas;
- Controle de eventuais emoções negativas que se tem, em face de um ou outro tipo;
- Percepção de que suas idéias, formas de ser ou de agir não são a verdade ou o "certo", e sim são opções;
- Ajuste das diferenças, com busca permanente de adaptação aos outros;

- Consciência de que primeiro devemos compreender para depois sermos compreendidos.

A SITUAÇÃO E A PESSOA

Lílian era excelente colega de trabalho. Sempre estava disposta a ir a um cinema ou ao shopping com as colegas após o expediente; tinha tempo para troca de confidências, mostrava-se solidária com as dificuldades de todas, dava uma mão no trabalho quando as coisas não iam bem. De repente, foi promovida a supervisora e mudou. Em vez de sair com as colegas, sempre tinha trabalho extra a fazer, passou a se mostrar com um semblante mais sério, evitava conversas particulares no ambiente de trabalho e se mostrava menos compreensiva com as dificuldades das colegas nas tarefas.

Será que a supervisão "subiu à cabeça" de Lílian e ela se tornou uma pessoa arrogante por causa da promoção? Provavelmente não. Acontece que, tendo mudado sua situação, é natural que ela mude o comportamento: passou a enfrentar novas pressões, a ter novas responsabilidades, e não é de esperar que continue agindo como alguém sem cargo de comando. Quem observar direito, com a genuína vontade de compreender para ser compreendido, saberá perceber isso.

A situação e o ambiente condicionam o comportamento das pessoas. Não se pode tachar como "problemática" uma pessoa em decorrência da atuação que ela tem, dessas imposições ambientais ou situacionais. Deve-se considerar com atenção o seguinte:

- Alguns ambientes jogam as pessoas umas contra as outras, instaurando um clima de competição. Gente afável e cooperativa acaba apresentando comportamentos eventualmente reservados ou hostis. Nesse caso, o problemático é o ambiente e não as pessoas, e deve-se lutar para mudá-lo;

- As posições das pessoas no grupo impõem regras de conduta próprias e também visões diferenciadas. Eventualmente, a pessoa poderá apresentar comportamentos que, em análise superficial, poderão parecer problemáticos, mas de fato não são.

Resumindo: Antes de classificar uma pessoa como complicada ou difícil, é sempre bom verificar se isso não é preconceito ou uma visão enviesada de sua parte, ou má compreensão da situação ou das pressões que atuam sobre o comportamento dessa pessoa.

O que são pessoas "problemáticas"

Pessoas problemáticas são aquelas que têm permanentemente pensamentos, sentimentos ou comportamentos que criam dificuldades por si só. Se uma situação ou tarefa é complicada e há confusão e dificuldade de entendimento, isso é uma questão objetiva, ligada ao mundo exterior, à tarefa e não ao sujeito. Nesse caso, hesitações, dúvidas e dificuldades de compreensão não refletem insegurança do executor, mas problemas reais. Igualmente, há situações em que é natural a manifestação de sentimentos ruins como mágoa, medo e ansiedade, e a pessoa que os manifesta não pode ser tachada de problemática. Porém, se uma pessoa permanentemente e por qualquer motivo se sente magoada, eis aí uma pessoa problemática. Por fim, os comportamentos nem sempre são perfeitos, e alguém pode ser indelicado eventual e involuntariamente em determinada situação. O problema é quando a pessoa, todo o tempo, apresenta comportamentos que criam dificuldades para o grupo.

EXEMPLOS DE PESSOAS COMPLICADAS	
ORIGENS DAS DIFICULDADES	RESULTADOS POSSÍVEIS
Formas de pensar inadequadas: visão errada de si mesma, dos outros, da empresa e do mundo	• A pessoa acha que está sendo explorada pela empresa ou pelo chefe • A pessoa acha que seus colegas tentam ser espertos, para levar vantagem • A pessoa se acha preterida nas questões da equipe
Sentimentos negativos, intensos e persistentes, mágoas, frustrações, ira e inveja	• A pessoa fica sempre "armada" ou se fecha • A pessoa leva tudo para o lado pessoal • A pessoa tem explosões emocionais • A pessoa cria casos
Comportamentos inadequados, vícios, obsessões, impulsividade exagerada	• Desvios de função, isto é, a pessoa deixa de fazer o que deve para privilegiar comportamentos viciosos • Descumprimento de tarefas • Conflitos explícitos

Tratamento com pessoas "problemáticas"

Voltamos à premissa fundamental: o gestor não é terapeuta e não pode assumir esse papel. Porém, não pode deixar que pessoas problemáticas comprometam o bem-estar e a produtividade da equipe. Diante da constatação de que há uma pessoa problemática no grupo, é preciso agir – e rápido – para que maiores problemas não venham a se manifestar. Os seguintes comportamentos são recomendados:

- Observação atenciosa antes de classificar alguém como "problemático". Pode ser que o gestor esteja projetando nos outros algumas fraquezas que, na realidade, são dele. Pode ser que esteja manifestando preconceitos, visões distorcidas ou incompletas;
- Busca de opiniões de colegas sensatos e conseqüentes para uma análise mais cuidadosa;
- Registro detalhado de eventuais reclamações, para uma compreensão maior das circunstâncias em que se manifesta o comportamento problemático;
- Reconhecer que a pessoa tem direito sagrado a ter as neuroses que quiser, mas não tem direito de exigir que o mundo do trabalho as aceite passivamente;
- Conversa franca, respeitosa e assertiva com o a pessoa problemática. Pedir a ajuda dela para que sua forma de sentir, pensar ou agir não venha a trazer problemas para o trabalho;
- Discutir com a pessoa as formas de cooperação que podem ser oferecidas para que ela resolva seus problemas;
- Em casos mais sérios, de comportamentos amplamente distorcidos, como nas psicoses, pedir orientação da área de recursos humanos e tomar as providências cabíveis.

Atenção a alcoolismo, drogas e vícios

O alcoolismo, segundo Magda Vaissman aborda no livro *Alcoolismo no Trabalho*, é o terceiro motivo de faltas ao trabalho e a causa mais freqüente de acidentes, atingindo entre 3% e 10% da população, em variados graus. Juntamente com as outras drogas, compõe um quadro real e de grande potencial de geração de problemas no ambiente de trabalho. O gestor tem de se manter em permanente estado de alerta para detectar, quanto antes, os sintomas de vício, para buscar o combate adequado[7].

A presença de vícios comprometedores também tem de ser detectada a tempo. Quantas carreiras não são destruídas pelo jogo e por outros vícios similares! O gestor, no interesse da empresa e do subordinado, tem de fazer o seu papel na prevenção desses problemas.

---

[7] Uma visita ao *site* <http://www.portaldasdrogas.com.br> poderá ser de grande valia, uma vez que aí há ajuda para identificação de viciados, estatísticas e orientações adequadas.

Capítulo 14

BOATOS E "RÁDIO-CORREDOR"

O nome pode variar. Na fábrica, às vezes o fenômeno é chamado de "rádio-peão"; nos escritórios, é "rádio-corredor" ou outros. Variando ou não, é sempre a mesma coisa: um sistema informal de notícias que funciona na organização. João fala para José, que fala para Maria, que fala para Nelma, que conta para Maurício... e assim a notícia, verdadeira ou falsa, fiel aos fatos ou transformada, vai em frente, com uma agilidade incomum. Todos ficam sabendo daquilo que a diretoria julgava que era um segredo guardado a sete chaves.

É natural que certo volume de informações circule informalmente pela "rádio-corredor". Afinal, nem todas as notícias são passadas ao grupo com a agilidade e completeza satisfatórias, e as pessoas tentam cobrir as lacunas por meio da informação (ou interpretação) informal. Mantida em nível baixo, a "rádio-corredor" não traz maiores problemas ou preocupações. Porém, se o fenômeno começa a tomar um caráter crônico, intenso, compulsivo ou neurótico, isso quer dizer que há algo errado com a comunicação da empresa e providências devem ser tomadas.

A "rádio-corredor" é o veículo privilegiado para a divulgação espontânea ou não de boatos. O boato é notícia anônima, que contém ou não malícia, verdadeira, parcial, ou absolutamente falsa, que se espalha. Por que as pessoas iniciam ou espalham boatos:

- Para alertar amigos sobre eventuais fatos que possam ser danosos a eles ou ao grupo;
- Pelo prazer de fofocar sobre acontecimentos da vida dos outros, principalmente daqueles que ocupam cargos mais elevados;
- Para obter a interpretação de colegas sobre desdobramentos possíveis de acontecimentos ou decisões, e aí se prepararem para tais eventos;
- Para ganhar "*status*" de pessoa que sabe das coisas perante os colegas;
- Para criar resistência ou problema para pessoas consideradas "contra" seus interesses;
- Para atacar desafetos ou criar danos de imagem a pessoas das quais discorda, pessoas que têm valores ou comportamentos diferentes;
- Por maldade pura e simples, usualmente causada por inveja, frustração ou mágoa.

O espalhador de boatos crônico tem uma personalidade distorcida ou está agindo de má-fé.

Impacto negativo dos boatos

São vários os efeitos danosos da "rádio-corredor" e dos boatos. Vejamos alguns deles:

- Divulgação precipitada de notícia, com potencial comprometimento de planos da empresa;
- Divulgação indevida de fatos que, mal interpretados ou mal noticiados, podem causar danos à imagem da organização ou de pessoas;

- Criação de mal-estar contra a empresa, entre os empregados, por menção de fatos que, fora de contexto, tomam significado negativo;
- Desvio de atenção, perda de tempo e queda de disciplina entre colaboradores;
- Reações inadequadas do pessoal causadas por lideranças negativas que usam a divulgação informal para atingir objetivos contrários aos interesses da empresa;
- Distorção de fatos, causando orientação comportamental errada entre os colaboradores;
- Estresse desnecessário em decorrência de presunção de potenciais eventos negativos;
- Queda no moral do grupo, em decorrência do clima de conspiração e desonestidade que os boatos acarretam.

A lista de problemas acima, certamente parcial, já é razão suficiente para gerentes e empresas manterem uma postura firme de combate ao boato e à "rádio corredor", para criar um ambiente em que esses fenômenos se mantenham sob controle.

Estabelecendo medidas preventivas

Contra os boatos, o melhor remédio é a boa comunicação. O que é boa comunicação? É a comunicação regular, constante, transparente, clara, de mão dupla, sobre os acontecimentos da empresa, principalmente daqueles que possam afetar direta ou indiretamente a vida profissional ou pessoal dos colaboradores ou parceiros. Entre outras práticas salutares, o dirigente pode:

- Realizar reuniões periódicas para manter o pessoal informado do que se passa;

- Buscar *feedback* dos colaboradores sobre questões da empresa e do relacionamento desta com os primeiros;
- Criar um clima para que a pessoas possam perguntar, sugerir e criticar sem receio;
- Criar veículos para a expressão livre dos colaboradores;
- Realizar esforços para que os fatos, quaisquer que sejam, não fiquem submersos, que venham à tona e sejam discutidos às claras;
- Acompanhar as comunicações de grupo, para identificar prontamente boatos em curso;
- Tomar medidas corretivas imediatas quando um fato tende a ter interpretação negativa ou a se espalhar de modo distorcido ou inapropriado.

Lidando pontualmente com um boato

Eis alguns exemplos de boatos que podem trazer problemas para a empresa: *"A empresa vai realizar cortes"; "Os diretores estão tendo problemas de relacionamento"; "A empresa vai ser vendida"; "O gerente de produção está na mira da diretoria"*. Um dirigente atento identifica-os logo e procura com igual rapidez tomar medidas a seu respeito. Comportamentos recomendados contra boatos:

- Se eles estiverem tomando caráter crônico, deve-se descobrir qual é a sua fonte, antes de tudo;
- Localizada a fonte, usualmente um fofoqueiro mal-intencionado ou não, deve-se fazer um trabalho dirigido para conter esse ímpeto de repórter informal;
- O dirigente deve reunir-se com o fofoqueiro e dizer que estão circulando muitos boatos pela organização e que vai tomar providências para que isso cesse. Pede, então, ajuda do fofoqueiro

para a localização de eventuais fontes dos boatos. Lógico que o fofoqueiro sabe que a fonte é ele próprio e, se captar rápido a mensagem, isso bastará para resolver o problema;

- Caso a boataria persista, fazer uma investigação mais a fundo, documentar-se cuidadosamente, e chamar o fofoqueiro para nova reunião. Nessa, de modo mais incisivo e direto, o dirigente tem de falar claro: dizer que há suspeitas de que o interlocutor é a fonte dos boatos (intencionalmente ou não) e que precisa ficar mais atento ao seu comportamento. O dirigente deve usar a documentação que amealhou para sustentar sua afirmação. O fofoqueiro tem de perceber claramente que sua conduta inapropriada está sendo vigiada;
- Se ele se emendar, o assunto estará resolvido; se não, a providência mais enérgica – a demissão – deve ser adotada, pois os danos potenciais dos boatos não deixam outra alternativa.

Capítulo 15

SUSTENTAÇÃO DA MOTIVAÇÃO INDIVIDUAL E GRUPAL

Em algumas organizações, ou mesmo em departamentos dentro de organizações, observa-se que há uma chama de entusiasmo no desempenho da equipe. Cada um se envolve com sua função e faz os esforços necessários para ajudar os colegas; trabalha-se bastante mas com alegria, e todos estão comprometidos com as metas. Em outros lugares, parece que as pessoas estão simplesmente "cumprindo tabela": trabalham apenas o suficiente para manter as coisas andando, não há entusiasmo nem alegria.

A palavra chave é *motivação*, que quer dizer: ter *motivo*, uma força que *move*, um impulso interno propulsor, algo que faz a pessoa caminhar para a frente, para a realização das metas. Quando as pessoas têm motivos válidos, que fazem sentido na visão delas, sua mente, suas emoções e seu corpo integram-se para a busca da realização, e a mágica acontece: as pessoas ficam muito, muito mais competentes. O raciocínio fica melhor, a criatividade aumenta, as habilidades de comunicação, de tomada de decisão e de realização de tarefas melhoram, e o desempenho flui de modo mais natural e eficiente, em síntese.

O que é necessário para que as pessoas tenham motivos que efetivamente possam impulsioná-las? Em poucas palavras: boas causas, dignidade no que estão fazendo, sentimento de valor. Isso tem algo a ver com a atuação do dirigente? Certamente. Ele tem um papel de extrema importância na criação de condições para o surgimento e a sustentação da motivação do pessoal.

Motivação: condições e fatores de motivação

Em primeiro lugar, é necessário não *desmotivar* as pessoas. Há fatores que impedem o surgimento da motivação ou "travam-na". O psicólogo norte-americano Frederick Herzberg[8], em 1959, chamou esses fatores de *higiênicos*, isto é, aqueles fatores que não são capazes de motivar, mas podem impedir a motivação se não estiverem equacionados de modo adequado. Para melhor entendimento, pensemos na questão da saúde. Lavar as mãos é um hábito higiênico. Ele não leva a pessoa a ter saúde, mas ajuda na prevenção de doenças. Se a pessoa não lava as mãos, pode sofrer uma contaminação por vírus ou bactérias e isso pode comprometer sua saúde. Assim são os fatores higiênicos mencionados por Herzberg. Na pesquisa, o cientista identificou os seguintes fatores higiênicos:

- *Condições de trabalho* – Se as condições de trabalho são ruins, causando dificuldades, perturbações e estresse, isso pode dificultar a motivação;
- *Práticas políticas e administrativas da empresa* – Como a empresa trata os colaboradores de um modo geral? Se as regras são difíceis de se acatar, as pessoas tendem a ter "um pé atrás" com a empresa, o que equivale a um "banho de água fria" na motivação;

---

[8] Em 1959, o livro de Herzberg, *Work and The Nature of Man* (Trabalho e a Natureza do Homem) foi considerado, pela *International Press*, uma das obras mais influentes da gerência no século XX.

- *Salário e benefícios* – Quando o salário é percebido como injusto, quando está em níveis nitidamente inferiores aos de mercado, quando não guarda equiparação razoável com o desempenho, a pessoa perde o entusiasmo para o trabalho;
- *Supervisão* – Supervisores truculentos, injustos, que não tratam as pessoas com dignidade certamente derrubam a motivação;
- *Status* – Se o cargo depõe contra a pessoa, se ela se envergonha do trabalho que realiza, como manter a motivação? Não há motivos para se empenhar;
- *Segurança no trabalho* – Trabalhar sob constante ameaça de demissão poderá fazer a pessoa atuar por medo, mas não por motivação;
- *Colegas* – Quando a pessoa não se identifica com os colegas, não os admira nem um pouco, não gosta de fazer parte da equipe e não tem motivos para querer a realização das metas;
- *Vida pessoal* – Se a pessoa está "de mal com a vida", como se diz, se tem um estilo de vida inapropriado, isso afeta negativamente sua motivação para o trabalho.

Os fatores higiênicos, como já observamos, não criam motivação, mas podem causar desmotivação, razão pela qual devem ser bem administrados. Daí vem a pergunta: O que efetivamente motiva? O que motiva é, de acordo com Herzberg:

- *Reconhecimento* – A pessoa sabe que seus superiores e a organização prezam e valorizam seu trabalho. Ela se sente útil e valiosa;
- *Realização* – A pessoa consegue atingir metas, fazer coisas interessantes e valiosas sob seu ponto de vista;
- *Avanço* – A pessoa não se sente estacionada. Ela sente que está evoluindo na carreira, ganhando atividades mais complexas;

- *Crescimento* – A pessoa percebe que o trabalho a leva a crescer e ajuda seu desenvolvimento profissional;
- *Responsabilidade* – A pessoa recebe tarefas importantes e sente que a organização e o chefe acreditam nela, na sua capacidade de executá-las; recursos são colocados sob sua guarda e ela sente que há confiança em que zelará bem por eles;
- *Desafio no trabalho* – Tarefas mais importantes em ordem crescente. Esse é um dos pilares do processo de motivação. Segundo Herzberg, o segredo para motivar é "enriquecer" as tarefas, agregar coisas interessantes e desafiadoras nelas.

Causas da desmotivação e como lidar com elas

Um adequado gerenciamento dos fatores higiênicos é fundamental para evitar a desmotivação do colaborador. Vejamos algumas coisas que o gestor pode fazer quanto a isso.

a) Problemas relativos a condições de trabalho:
   - Verificar o nível de conforto físico que o ambiente e o mobiliário proporcionam, e tomar providências em caso de condições insatisfatórias;
   - Ter especial atenção em relação à iluminação e aos níveis de ruído, para garantia da melhor condição física de operação;
   - Verificar as tarefas, os métodos e os equipamentos que são usados para executá-las, corrigindo deficiências e problemas, quando necessário;
   - Verificar horários, normas, regras e procedimentos em nível departamental e corrigir eventuais distorções, se necessário;
   - Em síntese, acompanhar de perto as condições de trabalho, para identificação imediata de problemas.

b) Práticas e políticas da empresa:

- Explicar as decisões da empresa, as normas adotadas e sua razão de ser, abrir os canais para que o colaborador possa se manter informado sobre as novidades e sanar dúvidas acerca das condutas da empresa;
- Encaminhar sugestões que eventualmente se apresentem sobre práticas da empresa que afetam os colaboradores, e dar "*feedback*" sobre as decisões relativas às sugestões apresentadas;
- Ser claro sobre o que o colaborador pode e o que não pode esperar da empresa, para que não fomente expectativas falsas;
- Ficar atento à ação de eventuais lideranças negativas que incentivam interpretações distorcidas quanto às decisões da empresa, e rebater seus efeitos por meio de defesa legítima das políticas da empresa.

c) Salário e benefícios:

- Dar esclarecimentos adequados quanto ao plano de salários e benefícios da empresa;
- Observando descontentamento, conversar adequadamente com o colaborador. Caso haja distorção real em seus ganhos, fazer os esforços necessários para a correção disso no plano salarial da empresa; caso a distorção exista apenas no nível da opinião ou da percepção do colaborador, argumentar adequadamente para que ele possa mudar sua impressão negativa quanto ao salário (ou buscar outra alternativa, fora da empresa);
- Ficar atento quanto a eventuais incoerências e falta de equanimidade nos planos salariais da empresa, para sugerir correções;
- Ficar atento à prática da reclamação compulsiva, e combatê-la, já que as reclamações toleradas tendem a minar a motivação tanto de quem reclama quanto dos influenciados pelas suas comunicações.

d) Supervisão:

- Primar pela espontaneidade, pela clareza e pelas boas maneiras nas comunicações com os colaboradores;
- Desenvolver a capacidade de ouvir e reservar tempo para o atendimento adequado das ansiedades de expressão dos colaboradores;
- Dar orientações claras sobre as tarefas, as expectativas e as responsabilidades que serão cobradas de cada um;
- Manter a abertura a sugestões e críticas, evitando tomá-las como ameaças ou afrontas pessoais;
- Observar cada colaborador atentamente e dar tratamento adequado às suas necessidades particularizadas quanto às tarefas, ao trabalho e à comunicação;
- Seguir as demais recomendações que têm sido apresentadas ao longo deste livro.

e) *Status:*

- Destacar o porquê de cada função, os benefícios que ela trará à comunidade de clientes ou o apoio que dará às outras áreas;
- Ressaltar os aspectos desafiadores do trabalho, com realismo, sem criar falsas percepções de importância;
- Fazer com que as competências-chave de cada um sejam valorizadas;
- Usar de mecanismos e cerimônias de valorização do colaborador.

f) Segurança:

- Manter um comportamento constante, sem oscilações emocionais;

- Dar esclarecimentos adequados quanto aos planos da empresa e da área para o futuro;
- Dar suporte para que o colaborador possa exercer sua função com adequado grau de certeza de que terá sucesso;
- Combater o clima de terror e eliminar o medo do ambiente de trabalho;
- Dar permanente *feedback* a cada colaborador sobre como seu trabalho está indo.

g) Colegas:

- Gerenciar o ambiente para que as comunicações sejam cordiais, fluidas e francas;
- Ficar alerta para a identificação de eventuais conflitos explícitos ou implícitos e dar tratamento adequado para eliminá-los com rapidez;
- Fazer reuniões de trabalho e sociais para desenvolver a boa convivência;
- Nos encontros gerenciais, envolver as pessoas em subgrupos variados, para que cada um troque estímulos com todos os demais colegas (o que evita a formação de "panelinhas").

h) Vida pessoal:

- Observar cada colaborador, para identificar aqueles que eventualmente apresentem problemas sérios na esfera pessoal;
- Observada a existência de problema pessoal, chamar o colaborador para conversar;
- Oferecer a ajuda cabível no caso e ao mesmo tempo pedir que o colaborador faça a sua parte para evitar que os problemas atinjam o ambiente de trabalho.

ALGUNS EVENTOS QUE DESMOTIVAM:[9]

Falha na definição das metas: 19%

Individualismo: 17%

Competição: 14%

Injustiças com a falha na medição do atingimento das metas: 11%

Piora na qualidade do serviço: 8%

Falta de criatividade/trabalho mecânico: 6%

Desgaste pessoal: 6%

Demais respostas: 19%

Criando condições para a manutenção da motivação individual

Para motivar, o gestor pode fazer muito também. Exemplo de condutas práticas que ajudam a motivar:

- Enriquecer a função do colaborador, isto é, agregar a ela tarefas consideradas mais nobres e desafiadoras;
- Exigir e confiar no potencial do colaborador e cobrar resultados dele, em coerência com seu potencial e com os recursos que lhe são dados;
- Dar atenção ao colaborador, acompanhar seu trabalho, identificar suas potencialidades, captar suas necessidades e fazer esforço para dar suporte adulto;

---

[9] Fonte: *Percepção das Recompensas Formais e Informais e Seus Efeitos: Um Estudo de Caso,* de Elza Fontes Gonçalves Luiz, Universidade Federal Fluminense (UFF), e professor Fernando Toledo Ferraz, Universidade Federal Fluminense (UFF). *Site:* <http://www.simpep.feb.unesp.br/anais10/gestaoderecursoshumanos/arq10.pdf>.

- Fazer elogios verdadeiros que enfoquem as reais competências ou conquistas do colaborador;
- Criticar imediatamente a conduta errada, ressaltando o valor do profissional;
- Desafiar o colaborador, dando-lhe tarefas mais complexas;
- Ajudar o colaborador em seu autodesenvolvimento.

A preservação da motivação do grupo

O grupo está "no pique", isto é, trabalha bem, com entusiasmo e dinamismo? O gestor tem de ficar atento a isso e buscar a sustentação desse estado. Para isso, deve cuidar bem da motivação de cada colaborador, e manter permanente sistema de reuniões para avaliação da ação do grupo, correção de rotas, críticas construtivas e elogios.

A palavra-chave de tudo isso é *envolvimento*. O gestor que efetivamente se envolve com o trabalho, com os colaboradores e com suas tarefas obtém automaticamente uma resposta positiva do grupo.

Capítulo 16

DESENVOLVIMENTO DO PESSOAL

Atualmente, muitas organizações não se preocupam o suficiente com o desenvolvimento do pessoal. Há uma idéia perniciosa de que isso não é importante, já que existe uma oferta abundante de profissionais com boa formação. Muitas empresas adotam a estratégia de fazer seleções rigorosas, visando à contratação de profissionais excelentes e "prontos". Quando esses são colocados nos postos, passa-se a exigir bastante deles, seja em termos de esforços, seja em termos de adaptação a novas funções que as mudanças vêm trazendo. Igualmente, tais empresas passam a exigir muito dos seus colaboradores antigos, na idéia de que quem não se adaptar não sobreviverá; mas não são feitos esforços significativos de preparação desses profissionais.

Essa política de trabalho intenso e frenético, de competição interna, de exigências elevadíssimas e de deixar as pessoas sozinhas com seus desafios tem limites. De um lado, ela poderá levar ao estresse e à exaustão dos profissionais, o que dilapida seu potencial de realização a médio prazo; de outro, o descuido com o desenvolvimento do pessoal impede a empresa de desenvolver aquilo que o economista e escritor canadense John Kenneth Galbraith chamou de "competência organizada". Ora, exigir sem desenvolver é um erro, e mais cedo ou mais tarde a empresa vai acabar percebendo que perdeu oportunidades de fazer mais com menos, justamente porque teve objetivos obtusos e exagerados de produtividade a curto prazo.

Desenvolver o pessoal sempre foi um bom caminho para a construção de empresas sólidas, e continua sendo, nesses dias de globalização e de alta competitividade. Pessoas que são devidamente orientadas, que aprendem e são estimuladas a pesquisar, pensar, discutir e criar apresentam níveis de produtividade mais elevados e formarão organizações com mais solidez para o futuro.

O desenvolvimento do pessoal é uma estratégia inteligente para qualquer organização e a empresa tem de desenvolver programas eficientes para isso, no âmbito corporativo. Igualmente tem de estimular o gestor a fazer a sua parte, no âmbito da sua área de atuação e por meio do relacionamento direto com o pessoal.

Muitos gestores travam suas próprias carreiras por criar empecilhos para o crescimento de seu pessoal ou por não agir ativamente para que os subordinados evoluam. Por que agem assim? Algumas respostas possíveis são:

- *Egoísmo* – "Seguram" os subordinados simplesmente para terem mais facilidade em administrar suas áreas. Mantendo as oportunidades de crescimento limitadas, tais gestores não precisam fazer muitos esforços de treinamento de novos ocupantes de cargos e mantêm-se em posições mais confortáveis;
- *Inveja* – Subordinados de maior potencial podem "ofuscar" o brilho de tais gestores, que, por insegurança, acabam adotando estratégias mesquinhas de travar o crescimento daqueles;
- *Enfoque errado da função* – O gestor não considera que sua função inclua a criação de quadros mais competentes para a empresa, e simplesmente não se preocupa com isso;
- *Falta de compromisso com os subordinados* – desinteresse pelo futuro dos subordinados leva à negligência com suas carreiras.

Uma visão do potencial de crescimento de cada um

Nem todas as pessoas têm a mesma ambição e o mesmo potencial para crescimento. É evidente que, sem um mínimo de qualificação, é difícil alguém sobreviver em uma empresa, principalmente considerando-se os desafios da atualidade. Digamos, então, que há um mínimo de ambição e qualificação requerido, e que esse deve ser cobrado de cada um. Porém, há aqueles que vão bem além dos mínimos e por isso estão mais habilitados para o crescimento. O gestor deve procurar identificar adequadamente o potencial de cada um, para estabelecer uma estratégia adequada de desenvolvimento do pessoal.

Em termos práticos, e sem prejuízo de sistemas mais sofisticados apresentados pela empresa, o gestor pode buscar um maior conhecimento do potencial de seus subordinados. Na atuação diária, por meio de observação atenta e de conversas francas e verdadeiras, ele pode chegar a um conhecimento mais aprofundado do perfil de cada um.

Os seguintes fatores podem ser considerados como indicadores de potencial para crescimento:

- Motivação para crescimento, disposição para assumir funções mais complexas e desafiadoras;
- Empenho, envolvimento, nível de esforço empregado nas tarefas;
- Nível de responsabilidade na execução de tarefas;
- Interesse pelos assuntos da área e da empresa;
- Nível de satisfação no trabalho;
- Nível de aceitação da função;
- Nível de aceitação das funções superiores na escala hierárquica;
- Integração no grupo;
- Auto-estima funcional, isto é, nível de orgulho pela função exercida;

- Qualificação intelectual;
- Qualificação emocional;
- Nível de esforço de autodesenvolvimento verificado;
- Grau de ambição saudável para conquista de maior poder ou influência.

Qual é a pontuação que cada um conseguiria quando avaliado em relação aos pontos acima? Eis uma questão que ajuda o gestor a refletir e ir formando um quadro do potencial do seu pessoal.

Oportunidades para o desenvolvimento

As oportunidades de desenvolvimento podem incluir:

- Evolução na hierarquia dentro do departamento, isto é, atingir cargos mais altos dentro da área;
- Evolução na hierarquia para funções fora do departamento;
- Evolução horizontal no departamento, isto é, delegação de funções sem promoção. Isso pode ampliar a qualificação e o potencial para promoção posterior do subordinado;
- Evolução horizontal interdepartamental, isto é, passagem para outro departamento em função diferente, mas do mesmo nível hierárquico;
- Delegação de novas tarefas com potencial para aprendizado, sem mudança de função;
- Mudança em tarefas, com inclusão de maior conteúdo qualitativo.

No interesse do subordinado, da equipe, da empresa e em seu próprio, o gestor tem de ficar atento a tais oportunidades para oferecê-las ao pessoal.

Tratamento com pessoas de ambição limitada

O que fazer com pessoas que demonstram ambição limitada? Vejamos duas histórias verídicas:

Fulano trabalha num cargo técnico de uma grande empresa nacional, que acaba de implantar um programa bastante estruturado de avaliação de desempenho. No processo de avaliação, participou de uma reunião com seu superior imediato e com o chefe deste. Discutiram as oportunidades existentes para que ele ascendesse na hierarquia, mas seus superiores ficaram surpresos quando ele disse que preferia não subir; almejava mudar de função, isto sim, para realizar trabalhos mais nobres e interessantes. Isso foi o bastante para que se começasse um movimento de construção de uma imagem negativa para o profissional. "Ele não tem ambição", dizia-se. Porém, ele reagiu: "Como não tenho ambição? Estou fazendo pós-graduação, estudo inglês, venho procurando me aprimorar para contribuir mais com a empresa. Isso não é ambição? Apenas não quero subir na hierarquia, vindo a chefiar outras pessoas, pois julgo que não tenho tal vocação". Depois de certo tempo e com o apoio de um consultor externo procurado por Fulano, ele conseguiu demonstrar à empresa que sim, queria melhorar, mas não necessariamente crescendo para funções de liderança. Foi promovido a uma função técnica mais sofisticada, com nível maior de demanda intelectual, mostrando-se a pessoa certa no lugar certo.

* * *

A organização, em seus planos de desenvolvimento, ofereceu uma nova oportunidade a Beltrano. Ele teria de se transferir para outra cidade, a 600 quilômetros, assumindo uma nova posição. Embora tivesse interesse em assumir a nova posição, resolveu que não queria mudar de cidade. Mesmo sendo solteiro e não havendo nenhum entrave sério à mudança, achou que sua vida seria melhor ficando onde estava. A recusa em se mudar foi interpretada como um sinal evidente de que o seu nível de ambição não seria suficiente para justificar qualquer posterior promoção para o cargo que ele desejava, quando uma oportunidade surgisse na cidade em que residia. Foi ficando "encostado", até que acabou saindo da empresa.

No primeiro caso, provavelmente havia aí um mero preconceito, que reside em achar que ter ambição é apenas e exclusivamente querer atingir a chefia. Outras alternativas devem existir para o desenvolvimento. No segundo, provavelmente o trabalho e o crescimento no trabalho são coisas não prioritárias na vida do profissional, ou pelo menos não têm nível de importância que justifique uma promoção. Nada de errado com isso, pois nem todos foram feitos para crescer profissionalmente e aceitar os custos que isso traz. Para superar as dificuldades e aceitar as limitações que a responsabilidade ampliada traz, é necessário ter uma dose maior de ambição de crescimento.

Algumas alternativas para tratar com pessoas de ambição limitada:

- O gestor tem de assegurar-se de que há um nível de ambição suficiente para justificar a manutenção no cargo;
- Havendo um nível baixo de ambição de crescimento, mas suficiente, deve-se verificar se há algum posto de menor demanda para encaixar o colaborador;
- Ele deve saber com clareza o que sua baixa ambição acarretará em termos profissionais e salariais, pois expectativas mais elevadas que a contrapartida de trabalho não se justificam;
- O profissional não pode se tornar obsoleto e "enferrujado"; ainda que não tenha ambições maiores, um mínimo de desen-

volvimento pessoal e profissional é essencial para sustentação do cargo.

Em síntese, a cada um de acordo com seu potencial e ambição justa, mas tudo dentro de um contrato psicológico em que a produtividade da função e da equipe seja mantida ao máximo.

Capítulo 17

APLICAÇÃO DE MEDIDAS DISCIPLINARES

Todas as empresas, mesmo aquelas que buscam fazer uma boa seleção de pessoal, estão sujeitas a desvios de comportamento. Evidentemente, eles são uma característica do comportamento humano e transportam-se para dentro das organizações, escapando ao controle. Pesquisas realizadas já mostraram que fraudes, roubos e outros problemas do gênero costumam trazer significativo prejuízo para as empresas, principalmente para as médias e pequenas, nas quais os controles costumam ser menos eficientes. Uma visita a *sites* especializados, como o Monitor das Fraudes,[9] poderá dar uma idéia das dimensões reais do problema.

Os desvios de conduta expressam-se em diferentes graus de gravidade. Incluem, em níveis menos sérios, por exemplo, aquele comportamento de "encostar o corpo", evitando o trabalho e sobrecarregando os colegas. Em níveis de maior gravidade, chegam ao banditismo e à formação de quadrilhas que lesam as empresas em milhões de reais.

Do ponto de vista do gerenciamento, usualmente é recomendável a adoção de um programa preventivo com três medidas principais:

---

[10] <http://www.fraudes.org>.

a) a implantação e manutenção de sistemas preventivos eficazes, no âmbito corporativo;
b) a conscientização dos gestores e igualmente a conseqüente criação de processos preventivos no âmbito das suas áreas;
c) que se dissemine a disposição para agir de modo rápido e eficiente na constatação de problemas mais significativos.

Problemas sérios de conduta

Podemos dizer que os problemas de conduta expressam-se, quanto à dimensão, no plano pessoal e no plano funcional, e, quanto à natureza, manifestam-se no âmbito ético e no profissional.

a) **Problemas no plano pessoal:**

Embora o compromisso principal do empregado com a empresa seja circunscrito a horário e a questões funcionais, problemas de natureza pessoal, manifestados fora do trabalho, podem afetar a organização e seus fins. Exemplos:

- Prática de delitos de qualquer natureza;
- Participação em atividade com forte desaprovação social;
- Participação em conflitos, facções, gerando censura significativa por parte da comunidade;
- Alcoolismo, drogas, comportamento reprovável de qualquer tipo.

Imagine, por exemplo, a situação em que um motorista da empresa, em seu horário de lazer, provoque um acidente porque cometeu faltas de trânsito gravíssimas. Como a gerência poderá ter segurança de que ele vai agir de modo diferente no horário de trabalho? Presidentes de grandes corporações já caíram em decorrência de relacionamentos sexuais escandalosos, por participação em conflitos políticos e por outros problemas de vida privada dessa natureza.

Problemas pessoais podem trazer reflexos negativos na imagem da organização, indisposição com parte da clientela, problemas com órgãos do governo, divulgação inapropriada de dados da organização etc. Logo, problemas de conduta do âmbito pessoal podem e devem ser consideradas pelo gestor.

b) **Problemas no plano funcional:**

Qualquer vício humano sério trazido para dentro da organização afeta a função. Aqui, os problemas podem ser classificados quanto à falta de profissionalismo e quanto à falta de ética. Exemplos:

Falta de profissionalismo:

- Deixar de cumprir as funções por razão pessoal;
- Usar de expedientes para enganar, eximir-se de responsabilidades, negligenciar o trabalho;
- Participar de intrigas e fofocas de gravidade;
- Fomentar conflitos internos;
- Cometer atrasos e faltas crônicos;
- Negligenciar cronicamente o cumprimento de compromissos.

Falta de ética:

- Praticar fraude contra a empresa;
- Favorecer fornecedores e outros agentes com finalidades econômicas;
- Usar prerrogativas da função para atingir fins pessoais.

Diagnóstico das causas de problemas de conduta

No Brasil, nas últimas décadas, popularizou-se a idéia de que o crime e os desvios de conduta têm origem social e, por isso, devem ser tolerados. Com isso, arrematados bandidos gozam de simpatia, o que acaba refletindo em tolerância e abrandamento da punição por suas práticas. Ora, causas sociais como a pobreza e a falta de oportunidades certamente podem estar na origem da criminalidade, mas não podem induzir à aceitação e à tolerância para com o mal.

No âmbito da gerência, a preocupação com causas remotas dos problemas de desvio de conduta é altamente perniciosa. O gestor lida com o mundo concreto e com as relações manifestadas aqui e agora, e deve procurar diagnosticar as causas *mais imediatas* dos problemas de conduta, com a finalidade de tomar decisões e aplicar medidas disciplinares.

Exemplos de causas usuais de desvios de conduta:

Má-fé pura e simples – No caso, a pessoa teve a intenção consciente de obter um benefício pessoal ou de causar um mal.

Vícios: preguiça, falta de disciplina, relaxo, emotividade – Eventualmente, não há intenção de lesar ou de obter vantagens pessoais, mas há desvio decorrente da ausência das qualidades que são esperadas de quem trabalha.

Desinformação, ignorância – Desconhecimento de regras operacionais, ausência de orientação devida, falta de experiência.

Influência de liderança negativa – Eventualmente, a pessoa, por ignorância ou impulsividade, comete falta por estimulação de uma liderança negativa que a usa como instrumento.

Adoção de medidas disciplinares

As faltas não podem passar sem medidas disciplinares. Algumas recomendações para sua aplicação:

- Em primeiro lugar, deve-se observar que não há nada mais corrosivo para um relacionamento que a injustiça. Assim, como as medidas disciplinares sempre correm risco de ser injustamente aplicadas, por falha de informação ou julgamento deficiente, é sempre importante tomar todos os cuidados antes de aplicá-las;
- Faltas graves decorrentes de quaisquer causas devem ocasionar demissão. O conhecimento da causa será importante para a adoção de medidas de precaução. Eventualmente, medidas mais drásticas, por exemplo, processo criminal, são aconselháveis para se precaver de futuros problemas;
- Faltas decorrentes de nítida má-fé devem levar à demissão, com cuidados jurídicos apropriados. A presença da má-fé no ambiente de trabalho é corrosiva. Tolerar o empregado que age de má-fé é cometer injustiça com os que não têm comportamento malicioso;
- Para faltas cometidas sem má-fé e de gravidade avaliada como média ou baixa, adotam-se primeiro as medidas que são reflexo automático da falta. Por exemplo: atrasos não justificados levam ao corte da remuneração e do fim de semana remunerado;
- Em reincidências, aplicam-se outras medidas, como advertência verbal (que pode ser registrada), escrita, suspensão e, por fim, demissão;
- Em todos os casos, recomenda-se aconselhamento com o departamento pessoal, que poderá encaminhar para o aconselhamento jurídico, se necessário;
- Em todos os casos, a comunicação com o faltoso deve ser clara e objetiva;
- Os demais colaboradores devem ser informados também, tomando-se os cuidados que a ética, a elegância e a lei recomendam.

Capítulo 18

RESISTÊNCIA ÀS MUDANÇAS

Dois fatores colocaram o mundo empresarial em processo de acelerada mudança: a globalização e a explosão tecnológica. Em decorrência da globalização, do trânsito rápido de informação em todo o mundo, e também da expansão das empresas em nível mundial, toda empresa hoje se vê obrigada a adotar padrões de eficiência universais. E, em decorrência da explosão tecnológica, todas têm de correr bastante para acompanhar os desenvolvimentos de sua área e de outros segmentos que a afetam.

Com isso, as empresas precisam modernizar seus recursos produtivos, métodos, processos e sua forma de pensar, sentir e agir. E só poderão fazer isso se dispuserem de pessoas que acompanham a evolução, isto é, colaboradores que queiram se manter atualizados, que façam os esforços necessários para isso, que estejam dispostos a abrir mão de velhas práticas e a incorporar o novo.

O problema é que a tendência natural é que as pessoas se acomodem e se tornem resistentes, pois isso é mais fácil e confortável. Eis aí um grande desafio para o gestor.

Desafios da inovação

Inovar não é sempre fácil, por várias razões:

- Exige abandono de práticas às quais a pessoa estava habituada e isso causa incerteza e desconforto;
- Exige aprendizado de novas tarefas, de novos modos de fazer as tarefas antigas, de novas formas de usar os recursos e de novos equipamentos;
- Exige perda de poder relativo das pessoas, pois parte da autoridade funcional de uma pessoa advém de seu domínio das tarefas;
- Eventualmente, traz outras perdas reais: econômicas, sociais, pessoais etc.;
- Exige novas relações: outros passam a interagir com a pessoa, ampliando sua insegurança;
- Exige "perda de tempo" para o aprendizado e perda de eficiência a curto prazo (enquanto a inovação não tiver sido definitivamente incorporada);
- Implica em risco de não adaptação: algumas pessoas poderão não se adaptar eficientemente e isso trará transtornos funcionais para elas;
- Pode ocasionar questões emocionais relacionadas à tristeza de ver desaparecer o mundo a que se estava habituado e do qual se extraía satisfação.

Mas, como já lembrava o filósofo Heráclito (540-470 a.C. aproximadamente), a única coisa certa é a mudança. Não há outra alternativa: todos têm de mudar e mudarão, de modo administrado e autodirigido ou de modo atropelado. Assim, é melhor romper com os desafios e conquistar a inovação.

Resistência individual e grupal

Os grupos também se tornam resistentes, primeiro porque são formados por pessoas, que apresentam as já mencionadas barreiras à mudança; segundo porque têm uma visão de mundo e um conjunto de mecanismos de pressão que levam seus membros a se conformarem com ela. Indivíduos inovadores eventualmente são pressionados para a conformação e nem sempre conseguem resistir. Exemplos de problemas específicos da resistência grupal:

- Liderança negativa, por parte de pessoas particularmente resistentes, por qualquer razão;
- Laços sociais que se mostram ameaçados pela inovação;
- Necessidade de revisão da dinâmica social do grupo, com alterações no quadro de influências.

Lidando com a resistência

O gestor pode fazer muito para combater a resistência à mudança. Eis algumas práticas recomendadas:

- Usar de comunicação clara e objetiva, indicando que a inovação *x*, *y* ou *z* é irreversível e que todos precisam se adaptar;
- Identificar as causas eventuais das resistências e combatê-las com boa informação e com outros recursos que se mostrem adequados: treinamento, alterações organizacionais etc.
- Verificar a existência de eventual liderança negativa e trabalhar especificamente com os líderes informais, visando eliminar as dificuldades;
- Criar planos que possam dar compensação adequada (desde que possível e justa) para as perdas que as mudanças acarretarem;

- Procurar discutir as inseguranças que as mudanças trazem e lidar com elas de forma explícita e aberta;
- Oferecer ao grupo e aos indivíduos o apoio que for necessário para que todos possam sobreviver à mudança;
- Preservar o que for possível das antigas formas de atuação, desde que isso seja eficiente, para evitar rupturas bruscas.

Estabelecendo um ambiente inovador

Em alguns ambientes, o processo de inovação é mais fácil e natural. O gestor pode criar um ambiente propício em sua área também. Algumas recomendações podem ser úteis para a criação desse ambiente:

- *Manter canais de comunicação abertos* – Comunicação horizontal e vertical fluida facilita a troca de experiências e informações e estimula a geração de idéias;
- *Afastar do ambiente de trabalho o medo, criando um clima de bom relacionamento entre diferentes áreas e níveis hierárquicos* – As pessoas têm de ter coragem para sugerir, propor mudanças e até mesmo criticar produtivamente;
- *Estimular a apresentação de idéias e sugestões* – As pessoas precisam saber que a direção aprova as tentativas de inovar e agradece pelas contribuições de valor;
- *Dar a devida atenção às novas idéias, ainda que não se mostrem imediatamente viáveis* – No mínimo, a idéia merece atenção. Caso seja inviável, pode-se guardá-la para o futuro. De modo objetivo e assertivo, o gestor deve mostrar que a idéia, embora boa ou potencialmente boa, não é prioridade no momento;
- *Premiar as boas idéias com gratificações não monetárias ou monetárias (quando adequado e seguro)* – Reconhecimento emocio-

nal, homenagem, aumento por mérito ou prêmio econômico, tudo tem seu valor. O que não se deve admitir é que a empresa simplesmente explore o colaborador que deu contribuição de valor, causando decepção;

- *Dar suporte para que idéias possam ser introduzidas:* muitas vezes, quem as sugeriu não tem condição técnica ou recursos para implantá-las. Cabe ao gestor providenciar isso.

Capítulo 19

COMPETIÇÃO NO TRABALHO

Vivemos em uma sociedade muito competitiva. Em decorrência das mudanças aceleradas e intensas que se observam no mundo econômico, empresas e pessoas temem perder seus lugares e passam a adotar posturas de defesa muito firmes. As organizações estimulam as pessoas a serem competitivas, acreditando que assim cada colaborador dará uma ajuda melhor para a preservação dos espaços da empresa no mercado. As condições de mercado, igualmente, induzem à competição, pois a pessoa que vai buscar um emprego e se vê concorrendo com outras dezenas, centenas ou eventualmente até milhares recebe do mundo uma mensagem clara: deve competir ou ficará para trás.

Essa situação leva a uma hipertrofia da postura competitiva. As pessoas passam a ficar mais e mais voltadas para a competição, e essa passa a ser sua orientação de vida básica. Em decorrência disso, muitos passam a não perceber uma coisa simples e fundamental:

Cooperar é melhor que competir,
inclusive para o crescimento na carreira

Nas circunstâncias certas, e conduzida de modo ético e estrategicamente orientado, a competição tem seu valor. Mas a cooperação, sim, deve ser a grande tendência, e cabe ao gestor mostrar em que circunstâncias se deve competir e como, e, ao mesmo tempo, ele deve estabelecer no ambiente o verdadeiro clima da cooperação. Com isso, todos crescem: os colaboradores individualmente, a equipe e a empresa.

Competição *versus* cooperação

Competição e cooperação são parte da vida. Todo o tempo, nos relacionamentos, as pessoas estão cooperando entre si ou competindo. Ingredientes inevitáveis do processo social, competição e cooperação poderão ser saudáveis e produtivas ou não. O quadro a seguir dá uma visão da questão.

Pode-se dizer que:

- Se não houver nenhuma competição no ambiente, isso é sintoma de problemas. É natural não só que as pessoas tenham divergências como também queiram lutar por pontos de vista;
- Havendo competição, essa tem de ser orientada para os objetivos do grupo; todos devem ter o propósito de melhorar a produtividade e a eficiência;
- A competição não deve criar clima negativo e afastar as pessoas;
- Competição de cunho pessoal, por espaço e privilégios individuais, tem de ser combatida seriamente;
- A cooperação deve ser a regra, mas igualmente ela deve ser saudável: voltada para o bem de pessoas, do grupo e da organização;
- A cooperação não pode levar a paternalismo, proteção de erros, suporte indevido a pessoas etc.

COMPETIÇÃO *VERSUS* COOPERAÇÃO

	PRODUTIVA, SAUDÁVEL	PATOLÓGICA, IMPRODUTIVA
Cooperação	• Visa à excelência na execução da tarefa grupal	• Visa ao desvio na execução da tarefa ou privilegia tarefas contrárias ao propósito do grupo
	• Busca o desenvolvimento de todos e do grupo	• Busca a sustentação do grupo, ainda que não esteja sendo produtivo
	• Madura e ética	• Fere o profissionalismo, a ética ou a lei
Competição	• "A favor" dos objetivos grupais e organizacionais	• Tem caráter pessoal, de indivíduos contra indivíduos
	• As pessoas mantêm nível de relacionamento saudável e amistoso	• Leva a desvios de objetivos e perda de recursos
	• Divergência quanto aos meios de se chegar ao bem comum, mas não quanto a essa meta	• Objetivos de destruição de oponentes
	• Compete-se por competência e mérito e não por espaço	• Competidores visam à ampliação de espaço de poder, independentemente de mérito ou competência

O que é competição saudável?

Existe apenas um cargo de presidência na empresa, mas provavelmente existem inúmeros executivos que aspiram a ocupá-lo. Para a empresa é bom, desde que durante todo o tempo a competição se mantenha limpa. A existência de motivação para o crescimento é saudável, pois mantém os indivíduos lutando para ampliar sua competência, para se tornarem mais elegíveis. A competição pode ter diferentes focos:

- *Competência:* as pessoas poderão procurar ser cada vez mais competentes para se habilitar ao crescimento;
- *Mérito:* as pessoas, independentemente de sua competência, procurarão agir mais eficazmente, e atingir melhores resultados;
- *Reconhecimento:* as pessoas tentarão ter o máximo de reconhecimento;
- *Poder:* e mais todas as benesses que ele traz.

Em cada um dos casos acima, a competição poderá ser saudável ou não, conforme o quadro da página seguinte.

Estabelecendo regras legítimas de competição

As seguintes orientações podem ser úteis para a implantação de um conjunto de regras que levem à competição saudável:

- O gestor tem de acompanhar de perto o ambiente e identificar movimentos de cooperação e competição, dando reforço positivo à tendência cooperativa;
- A competição saudável deve ser estimulada, e a patológica deve ser combatida firmemente;

FOCO DA COMPETIÇÃO		
	SAUDÁVEL	NÃO SAUDÁVEL
Competência	Todo o tempo em que a pessoa não busque as oportunidades de desenvolvimento em detrimento dos outros	Quando, por uma razão ou outra, a pessoa luta para ficar com as melhores oportunidades de desenvolvimento, limitando as chances dos demais
Mérito	Quando o desempenho produtivo de um não impede a maximização do desempenho produtivo de outro	Há busca egoísta das próprias metas, com efeitos colaterais nocivos sobre o desempenho de outros
Reconhecimento	Todo o tempo em que o reconhecimento que se visa seja o do verdadeiro mérito	Quando se visa "aparecer" como competente e merecedor, com afastamento do verdadeiro mérito quando a competição for centrada no uso de truques para destacar-se, e *marketing* pessoal vazio
Poder	Quando o poder é visado para um uso voltado ao bem da organização e das pessoas	Quando o poder é visado para uso pessoal, de caprichos, por vaidade ou interesse escuso

- Pessoas que se mostrem excessivamente competitivas devem ser questionadas quanto aos propósitos da competição, com "jogo limpo" e claro, e devem perceber os limites e regras adequados para a produtividade e o crescimento do grupo;
- O gestor não pode se furtar a agir como árbitro justo e equânime nas circunstâncias em que a competição tende a fugir do controle;
- Na organização de tarefas, podem-se criar esquemas que induzam as pessoas a cooperarem umas com as outras.

Capítulo 20

DEMISSÕES

Uma das funções mais angustiantes de um gestor é a demissão de colaboradores. Supondo-se que tenha havido uma boa seleção e que igualmente tenha havido um bom gerenciamento, a demissão provavelmente enfocará casos excepcionais ou será fruto de reorganizações que se farão, independentemente das situações individuais. Em qualquer dos casos, o gestor usualmente sente-se desconfortável para decidir e, principalmente, para conduzir a demissão.

Gestores mais novos, principalmente os que ainda não passaram pela experiência, sentem-se particularmente angustiados. Usualmente, sentem culpa que, embora indevida, afeta-os emocionalmente. Por outro lado, o demitido nem sempre tem uma reação 100% madura, o que traz riscos de ampliação da culpa por parte do gestor.

É importante considerar também que as demissões sempre trazem riscos. O descontentamento e a mágoa que delas decorrem sempre podem levar os demitidos a ações de compensação, justas ou não, como os processos trabalhistas ou a busca de causar prejuízo à empresa, de algum modo.

Custo das demissões

Num cálculo simples, poderíamos dizer que a admissão de um colaborador, em uma empresa organizada que busca processos racionais de seleção, tem um custo que varia de um a dois salários do admitido. Some-se a isso o tempo de treinamento inicial no trabalho, no qual o novo colaborador será pouco produtivo. Os custos trabalhistas da demissão têm de ser incluídos: 40% sobre o fundo de garantia, aviso prévio e outros. Por fim, somem-se os gastos que o período da demissão acarreta, com a ruptura das funções.

Em síntese, demitir custa caro e o ideal é fazer o menor número de demissões possível.

Esgotando as possibilidades de retenção do colaborador

Um princípio básico diz que ninguém deve ser surpreendido com a demissão por desempenho ou por comportamento inadequado. Isso quer dizer que, antes de demitir, o gestor deve fazer um conjunto de advertências claras e específicas ao colaborador, o que dará a ele a oportunidade de mudar para melhor, salvando-se da demissão.

Além disso, antes de demitir, o gestor deve verificar se há razão real e justificável para isso, e se não há alternativa para retenção do colaborador. Vejamos alguns exemplos de idéias que podem ser exploradas, como mostra o quadro da página seguinte.

Por fim, não é necessário dizer que ninguém deve ser demitido por razões subjetivas e caprichosas. Questões de simpatia e antipatia, por exemplo, não devem servir de base para a gestão. O gestor tem de aprender a manter sua objetividade e a superá-la, seja por uma questão de ética profissional, seja para o bem de sua carreira e dos resultados da empresa.

ANALISANDO MELHOR POSSÍVEIS DEMISSÕES	
CAUSA	POSSIBILIDADE A ESTUDAR
Problemas de relacionamento	• Busca de ajuda para aconselhamento ou terapia • Transferência intra ou interdepartamental
Problemas de desempenho	• Busca de função diferente • Reorganização das funções • Treinamento intensivo específico
Desmotivação ou desinteresse	• Enriquecimento da função, com agregação de novas responsabilidades e maiores exigências • Mudança de função • Treinamento para outras funções

Condução do processo de demissão

Esgotadas todas as possibilidades, a demissão tem de ser feita. Nesse caso, é conveniente fazer uma apreciação objetiva da situação, deixando-se de lado culpas injustificáveis e emotividade, pois isso só traz pioras para o processo. As seguintes recomendações podem ser úteis:

- Deve-se levantar todas as informações relevantes sobre o empregado com antecedência, seus direitos, o processo de demissão, o trabalho;

- Não se deve tratar o empregado como inimigo, simplesmente pelo fato de ele estar sendo desligado; espera-se que as boas relações continuem e que outras parcerias possam ser realizadas futuramente;
- A comunicação deve ser clara e precisa, evitando-se explicações e justificativas inúteis;
- Não se deve tentar suavizar a situação com finalidade de reduzir o impacto emocional para o demitido;
- Não se deve apresentar as coisas de modo dramático: a demissão é um ato natural do processo de trabalho;
- Devem ser evitadas acusações de todos os tipos, deixando-se que o enfoque recaia sobre a demissão em si e não sobre suas causas;
- Em caso de mau desempenho ou comportamento indevido, isso não deve ser objeto de discussão, mas o gestor deve ser simples e direto, assumindo a responsabilidade pela decisão;
- Todo o apoio que a empresa puder oferecer para a recolocação do profissional deve ser oferecido;
- Devem ser evitadas as medidas de segurança humilhantes e ineficientes que algumas empresas adotam, como evitar a entrada do colaborador na empresa ou na área de trabalho, ou a retirada do seu computador de trabalho.

Por fim, o mais importante: a dignidade da relação deve ser mantida. A demissão não é razão para mudança drástica de atitude da empresa para com o funcionário. Se mal ou bem, até hoje ele foi útil; por que tratá-lo como inimigo?

Capítulo 21

DEMISSÕES COLETIVAS

As demissões coletivas passaram a ser comuns nos últimos tempos, em face da necessidade de reorganização das empresas para se adaptarem às novas condições dos mercados. Se conduzidas com eficiência, não geram maiores problemas, mas, se realizadas de modo inapropriado, a probabilidade de transtornos é significativa, em decorrência dos efeitos multiplicativos acarretados pela dinâmica do grupo.

Usualmente, as demissões coletivas são decididas nos níveis mais altos da organização, mas o gestor terá sempre um papel relevante a cumprir no suporte à empresa para a condução do processo. Em geral, receberá, se as coisas forem organizadas, instruções claras, e poderá orientar adequadamente seu comportamento.

As reorganizações empresariais e as demissões coletivas

As principais razões para as demissões coletivas dos últimos anos são:

- *Revisão dos negócios das empresas*: muitas organizações tiveram queda de faturamento em seus negócios principais, por causa de mudanças tecnológicas, e precisaram se "reinventar". Nesse processo, os quadros funcionais que tinham para realizar suas tarefas maiores precisaram ser revistos. Foi o caso da Kodak, por exemplo, que enfrentou grandes mudanças com o advento das máquinas fotográficas digitais;

- *Revisão das estruturas*: muitas empresas precisaram rever suas estruturas em decorrência do advento de novas tecnologias, como a TI (Tecnologia da Informação), que fez cargos e áreas esvaziarem-se. Mesmo querendo, por questões de produtividade e competitividade, a empresa não teria como manter estruturas pesadas, quando alternativas mais eficazes passaram a existir;
- *Deslocamento de fontes de matérias-primas e outros fatores produtivos*: muitas empresas tiveram de fazer mudanças geográficas para ir atrás de matérias-primas a custos mais competitivos ou outras vantagens logísticas. Foi o caso das indústrias de alimentação, que se deslocaram acompanhando a produção agrícola;
- *Fusões e incorporações*: com o advento da maior competitividade, muitas empresas foram vendidas ou juntaram-se a outras, para resistir às turbulências de mercado. Com isso, alterações drásticas foram feitas em seus quadros de pessoal;
- *Mudanças no perfil da mão-de-obra demandada:* muitas empresas passaram a demandar perfis profissionais completamente diferentes, em face do advento das novas tecnologias ou das condições de competição. Com isso, tiveram, de um lado, de contratar, e, de outro, demitir.

Em síntese, as empresas não demitem por luxo ou capricho, mas por necessidade. Se por um lado não podem hesitar nas decisões de enxugamento, por outro contam com razões justificáveis e até inevitáveis, que devem ser explanadas adequadamente para os demitidos.

Igualmente, não estão demitindo as pessoas por seu mau desempenho, mas por razões que estão além desse aspecto. Nessas circunstâncias, estão abrindo mão de pessoas que efetivamente colaboraram para a realização dos objetivos da empresa até a data, e que devem ser tratadas como parceiras, cujo trabalho agora não é mais demandado. A empresa deve ajudá-las a se encaminharem para novas funções.

Dificuldades e desafios nas demissões coletivas

Podemos dividir os desafios das demissões coletivas em quatro categorias:

- *Operacionais:* de evitar rupturas de produção, de serviços administrativos, descompasso entre tarefas, dificuldades de mobilização etc.;
- *Gerenciais:* de conduzir o processo de tal modo que cause o menor desconforto ao pessoal e o menor desgaste à empresa;
- *Emocionais:* de dar suporte às legítimas manifestações emocionais do grupo, expressas ou não;
- *Sociais:* de equacionar, do melhor modo possível, o impacto social das demissões.

No decorrer do processo, poderão surgir dificuldades extras relacionadas a:

- Lideranças negativas, com intenções legítimas ou não, que poderão tumultuar o processo;
- Evento fora de controle que cause problema de opinião pública negativa;
- Interferência de agentes externos que criem dificuldade de alguma natureza.

Passo a passo do processo de demissão coletiva

Usualmente, é recomendado ter suporte externo para a condução do processo de demissão coletiva. Empresas especializadas poderão colaborar em todas as etapas do processo, contribuindo para que tudo ande bem. Considerando a presença desse suporte, os seguintes passos são recomendados:

1. A empresa faz uma análise adequada e chega a uma conclusão clara sobre os cortes a serem feitos. Hesitações e instabilidades nessas análises ou decisões podem causar problemas mais à frente. É preferível demorar um pouco mais nessa fase, mas fixar diretrizes sólidas.

2. A partir das demissões a serem realizadas, a empresa define com exatidão os custos legais de rescisão de contrato que os cortes trarão e, visando a suas possibilidades, faz um plano de compensação ou suporte extra a ser espontaneamente oferecido aos demitidos. Nessa fase, já é conveniente consultar uma empresa especializada, que possui visão do que outras organizações já fazem, o que dá certo, o que dá errado etc.

3. Faz-se, em seguida, um plano de comunicação, que envolve: cronograma das mensagens, tom, informação a ser veiculada, formas de comunicar, agentes de comunicação, definição de papéis dos gestores etc.

4. Em seguida, os agentes de comunicação (gestores ou não) são treinados pela empresa de consultoria especializada. Esse treinamento mostrará como devem lidar com os aspectos emocionais dos comunicados coletivos.

5. Nas datas definidas, executam-se, por fim, os comunicados, sendo que a empresa de consultoria dará suporte para lidar com aspectos emocionais, orientar sobre emergências e dar apoio aos comunicadores da empresa.

6. Por fim, administram-se, nos dias subseqüentes, os efeitos dos comunicados oficiais, tomando-se as medidas cabíveis.

Capítulo 22

COMUNICAÇÃO COM O PESSOAL

Cultura é a maneira de sentir, pensar e agir de uma comunidade qualquer. A cultura da empresa ou do departamento se forma a partir das decisões e das ações reais da organização ou da gerência, e da comunicação que se faz de tudo isso. Se decisões e ações são produtivas do ponto de vista da cultura, e a comunicação reflete bem isso, forma-se uma cultura de competência e profissionalismo. Quando as decisões e as ações não são produtivas ou a comunicação falha, cria-se uma cultura desagregada e incapaz de ajudar efetivamente a empresa.

Exemplos de decisões e ações adequadas, que contribuem para a solidificação de uma cultura de competência:

- Os diretores levam o trabalho a sério e são responsáveis nas decisões de negócios;
- O mérito é premiado, e não as simpatias;
- A organização investe no próprio negócio, um sinal evidente de que acredita nele;
- A organização investe em treinamento do pessoal, mostrando que acredita no desenvolvimento e nas pessoas a ela vinculadas.

Figura 4. A identidade e a imagem da empresa formam sua cultura

Ora, se a organização tem bases boas e se tem uma essência que justifique uma cultura sólida, a comunicação deve complementar, reforçando os valores fundamentais dessa cultura. Eventualmente, falhas de comunicação fazem com que haja uma desarmonia entre aquilo que a organização é e o que parece ser, e isso compromete a formação cultural.

O gestor tem de atuar sempre como agente de comunicação, ajudando a empresa a criar uma cultura de competência.

Processo contínuo de comunicação

A comunicação é um processo contínuo. Tudo o que se faz ou diz é registrado, e resulta em uma resposta qualquer, ainda que essa fique passiva. Assim, o gestor tem de se manter em estado de alerta, para que seus atos e mensagens reflitam valores positivos da cultura.

Igualmente, ele tem de buscar *feedback* das reações dos colaboradores e das mensagens e atos da direção, para saber se não está havendo distorção de nenhuma natureza. Exemplos de ações comunicativas e mensagens do gestor:

AÇÃO/MENSAGEM	REAÇÃO
O gestor falta ao trabalho um dia e não explica nada ao pessoal	O pessoal fica inseguro. Será que ele vai embora?
O gestor reclama do próprio chefe	O pessoal alia-se a ele e seu moral com relação à empresa cai, pois a vê como se fosse governada por chefes injustos
O gestor usa de expediente para "enrolar" o colaborador	O pessoal entende que a empresa é "esperta" e que a malandragem é aceita

Comunicação em grupo *versus* individual

O gestor deve buscar uma comunicação excelente com cada subordinado e com o grupo como todo. No âmbito das relações pessoais, a comunicação serve para críticas, sugestões de mudança, educação para o trabalho, além de contemplar particularidades da motivação individual, da solução de problemas e do *coaching* de carreira. No âmbito coletivo, é fundamental para estabelecer planos de grupo, fixar diretrizes, aparar as arestas entre indivíduos ou subgrupos e dar o tom dos comportamentos.

É importante que o gestor estabeleça um programa de comunicação com os subordinados. Um exemplo:

- O gestor pode fazer uma reunião semanal;
- O gestor pode falar com cada funcionário isoladamente uma vez a cada quinzena ou mês (independentemente das comunicações extras que se mostrarem necessárias);

- O gestor pode implantar um programa de portas abertas, disponibilizando seu tempo para reuniões em determinado dia da semana, em um horário específico.

O importante é que, dentro das condições locais, se realizem as comunicações com um toque formal, para haver mais seriedade, além daquelas informais do dia-a-dia.

Comunicação de notícias ruins

Muitos gestores tentam evitar dar eventuais notícias ruins. Porém, pior que uma notícia ruim é uma surpresa desagradável que advenha de um fato que não foi comunicado com antecedência. Notícias ruins são relevantes e devem ser dadas em tempo oportuno.

A forma de dar uma notícia ruim tem de ser pensada. Não há uma fórmula única, certa e eficaz em todos os casos. Algumas recomendações podem ser úteis:

- É preferível falar de uma vez, com clareza, e o mais cedo possível sobre algo negativo;
- Ao dar a notícia, os aspectos ruins vêm em primeiro lugar, de forma completa; depois, vêm os atenuantes e eventuais aspectos positivos no sentido de compensação;
- Não se deve ficar procurando culpados, tampouco transformar a comunicação em muro de lamentações;
- Principalmente, deve-se olhar para o futuro, para a superação dos fatos negativos.

Comunicação de notícias boas

Muitas empresas e gestores, por outro lado, não capitalizam o suficiente quando têm boas-novas a contar. Por exemplo: há um aumento de salário a dar? Alguém será promovido? Então, deve-se usar tais oportunidades de maneira mais marcante, pois, caso contrário, as únicas que serão marcadas na relação serão os fatos negativos.

Maneiras de enriquecer notícias boas:

- Fazer uma festinha rápida para anunciar uma promoção;
- Levar champanhe para ser aberto ao final do expediente, quando será comunicado que o projeto do grupo foi aprovado;
- Programar uma visita à nova loja que será inaugurada, mostrando que a empresa está prosperando (o que traz maior segurança aos colaboradores);
- Fazer um pequeno brinde aos principais colaboradores para anunciar que a empresa conquistou um grande novo cliente.

Posturas adequadas e canais de *feedback*

Há gestores que dizem que desejam receber críticas e sugestões, mas nem sempre reagem de modo apropriado quando elas vêm. Nas comunicações, não basta falar; é fundamental ter a postura certa. Exemplos de posturas certas para uma comunicação aberta e franca:

- Ouvir sempre com atenção e respeito;
- Dar tempo ao colaborador;
- Dar respostas às consultas e sugestões;
- Manter um comportamento educado e gentil;
- Ter e mostrar genuíno interesse pelas coisas dos outros;

- Jamais criticar o profissional diante dos colegas;
- Fazer elogios sempre que forem cabíveis;
- Agradecer sempre.

Por fim, é importante ter canais de *feedback*, mecanismos por meio dos quais os colaboradores possam apresentar suas críticas, sugestões e idéias. Um exemplo: reservar uma hora da reunião para ouvir os interessados em apresentar críticas ou sugestões. Sempre é possível achar um canal apropriado para que se sintam entusiasmados a se expressarem.

Capítulo 23

PROBLEMAS DE RELACIONAMENTO NA EQUIPE

O grupo interativo mais elementar é o de duas pessoas. A partir desse número, as relações passam a ter uma dinâmica diferente, com a formação de subgrupos. Imagine um grupo elementar de João, José e Maria. Nesse, há o grupo como um todo e há os subgrupos formados por João e José, com sua identidade masculina, e os subgrupos formados por João e Maria e José e Maria. Haverá a circunstância em que haverá conflito ou cooperação entre todos, e aquela em que haverá conflito de dois contra um.

Imagine agora o que acontece com o crescimento do grupo. As formações de subgrupos se ampliarão significativamente, o trânsito de comunicações igualmente expandirá bastante, as posturas de aprovação e desaprovação, ou cooperação e conflito, tenderão a tomar vulto.

Sendo o grupo uma equipe de trabalho que opera dentro de uma empresa, ele terá relacionamentos com outras equipes, resultando em uma rede ainda mais complexa.

A questão fundamental é que tais relacionamentos afetarão diretamente a produtividade e a qualidade de vida no trabalho. Se as coisas forem bem, se o clima for de cooperação, tudo andará às mil maravilhas; caso contrário, tornar-se-á desagradável trabalhar na organização e os resultados ficarão aquém do que deveriam ficar.

Cabe a cada gestor zelar para que as relações intra e extra-equipe sejam as mais harmoniosas e produtivas.

Relacionamentos e clima

Na área de estudos sociais, o clima[11] *"refere-se à percepção da pessoa sobre quão bem ela será recebida em dado ambiente (clima da sala de aula, clima do campus)"*. Esse clima decorre dos sentimentos reinantes no grupo, que por sua vez dependem das relações e comunicações. Há fatores que produzem clima positivo e fatores que "derrubam" o clima, conforme exemplifica o quadro abaixo:

INGREDIENTES E CLIMA	
FATORES POSITIVOS QUE CRIAM CLIMA AGRADÁVEL E PRODUTIVO	FATORES NEGATIVOS QUE CRIAM CLIMA DESAGRADÁVEL E IMPRODUTIVO
• Valores comuns • Identidade positiva, auto-estima grupal • Envolvimento de todos com tarefas • Vitórias partilhadas pelo grupo • Inclusão de todos, com apoio	• Conflitos de valores profundos e não trabalhados • Presença de pessoas que não se identificam com o grupo e não têm orgulho de pertencer a ele • Posturas críticas negativas • Presença de excluídos

[11] Conforme o glossário do site *The Diversity Conection,* da Universidade do Estado de Ohio, <http://ftad.osu.edu/CSP/glossary.html>.

Grupos *nós versus eles*

Havendo subgrupos, é sempre possível a formação daquilo que se chama comportamento *nós versus eles*. Os membros dos subgrupos passam a ter forte identidade e elegem outros subgrupos como inimigos. Esse processo é parcialmente natural no ser humano, instintivo, ligado à preservação territorial. Se não for administrado convenientemente, costuma levar a barreiras de informação entre os grupos e a problemas na execução de tarefas, além de desviar do foco do trabalho para a competição.

As áreas de uma empresa – finanças, marketing, produção, RH – muitas vezes se mantêm em clima de competição, com agravamento das dificuldades. É necessário agir para que não haja a formação de atitudes *nós versus eles*, e que as relações sejam as mais produtivas, apesar das diferenças.

Integração nas equipes

O que o gestor pode e deve fazer para manter a integração intraequipe e a harmonia da equipe com outras equipes da organização? Eis algumas recomendações:

- Ficar atento ao clima e adotar medida saneadora imediata sempre que observar deterioração;
- Combater o individualismo, o egoísmo e a identidade grupal que apresente manifestações hostis em relação a outros grupos;
- Mostrar que aprova a integração na equipe e desaprova qualquer tentativa de exclusão e de formação de subgrupos que excluam;
- Conscientizar as pessoas de que as diferenças têm de ser não só toleradas, em primeiro lugar, mas também aceitas e celebradas, porque elas são importantes para a riqueza cultural do grupo;

- Havendo presença de subgrupos com valores fortemente emocionais, como religiosidade elevada, por exemplo, agir com firmeza para deixar claro que a democracia, os direitos individuais e a dignidade de cada um nas suas opções devem ser valores aceitos por todos.

Harmonização de conflitos pessoais

Conflitos pessoais são possíveis, mas muito indesejáveis e devem ser fortemente coibidos pelo gestor. Em caso de conflito, latente ou declarado, alguns procedimentos são recomendáveis:

- Primeiro, o gestor deve documentar-se: conhecer bem o conflito, sua extensão, causas e nível de gravidade;
- Em seguida, deve chamar para uma reunião os envolvidos e pôr as coisas "em pratos limpos", buscando o entendimento;
- Nessa reunião, deve ouvir com atenção as partes, atuando como árbitro neutro, ajudando para que os fatos sejam separados das opiniões, para dar maior objetividade à análise da situação;
- Também deve deixar claro que não tolerará conflitos no trabalho, que afetam negativamente o moral do grupo, e que tomará providências cabíveis;
- Posteriormente, deve acompanhar os acontecimentos, tomando as medidas cabíveis.

Capítulo 24

COMBATE AOS PRECONCEITOS E BUSCA DA DIVERSIDADE

Vivemos tempos felizes em que os valores sociais e as leis rejeitam severamente os preconceitos, a discriminação, buscando-se a diversidade. Todas as pessoas que ocupam posição de poder, como o gestor, têm obrigação de dar força a essa tendência, por meio de um comportamento exemplar e da condução adequada do grupo.

Como em todo assunto que canaliza a opinião pública, muita confusão se estabelece nas idéias. Eventualmente, toma-se por preconceito aquilo que não é preconceito, promovem-se práticas de diversidade improdutivas e ingênuas, confunde-se liberdade de auto-expressão e determinação com expressão inconseqüente e inadequada. Por exemplo: não se pode exigir "boa aparência" de um candidato ou candidata a uma vaga, mas pode-se e deve-se estabelecer regras de vestimenta que sejam apropriadas ao cargo; nenhuma empresa precisa aceitar que um assistente comercial vá de tênis e calça de moletom ao cliente, causando péssima impressão!

Cuidado. Deve-se ter atenção e sabedoria para refletir sobre essas questões e tomar medidas administrativas, eis o que se espera do gestor. Ele deve buscar informação sobre o assunto, lendo boas revistas e *sites* que freqüentemente discutem temas relacionados. Aquisição de cultura maior quanto a essas questões melhora muito a probabilidade de acerto, nessa área em que o julgamento estará sempre presente.

O que são preconceitos e como se formam

Preconceito é um prejulgamento, isto é, um julgamento feito sem informação e conhecimento devidos. É a atitude negativa contra membros de um grupo (mulheres, negros, portadores de necessidades especiais) decorrente de crença não fundamentada de que todos os indivíduos provenientes de tal grupo apresentam os mesmos comportamentos ou características.

Os preconceitos podem surgir:

a) Na tenra infância, por influência e exemplo dos pais;
b) Por participação em grupo preconceituoso e acomodação à sua visão;
c) Em decorrência de experiências individuais negativas com membros de um dado grupo.

A pessoa preconceituosa não consegue enxergar o outro como ele realmente é, com suas características, mas vê, isto sim, apenas uma imagem, o que ela acredita que o outro seja. Assim, não julga adequadamente as pessoas e cria barreiras sérias de relacionamento.

Os preconceitos, evidentemente, sempre estão associados com as diferenças. Tem-se preconceito contra os que são diferentes. Assim, qualquer forma de preconceito é impeditiva de uma política adequada de diversidade no trabalho.

Tratamento com pessoas preconceituosas

O gestor, ao observar a presença de pessoa preconceituosa na equipe, tem de atuar de modo firme. Algumas orientações podem ser úteis:

- Tornar explícita a questão, pois preconceitos que não se expressam mantêm-se sólidos, ao passo que a explicitação ajuda na sua redução progressiva. Conversar sobre o assunto, levar as pessoas a refletirem sobre a questão: eis o caminho.
- Adotar postura firme de intolerância a comportamento inadequado causado por preconceito. O preconceito nem sempre será de todo eliminado, mas podem-se gerenciar os comportamentos, para que sejam adequados.
- Deixar claro o porquê das escolhas, mostrando que são baseadas em questões funcionais e não em preconceitos. Por exemplo: se se evita delegar uma tarefa a uma mulher, essa decisão tem de ser objetiva e não baseada em preconceito. A explicitação das razões pode até levar à discussão produtiva sobre o assunto. Não havendo discussão, há maior probabilidade de que preconceitos se manifestem.
- Atuar também em relação às pessoas que, por pertencerem a certos grupos, eventualmente são vítimas de preconceito. É fundamental fazer com que ajam de modo maduro e não tentem vitimar-se indevidamente, alegando existência de comportamento preconceituoso onde não há.

Busca da aceitação e integração

Fulano revela sutilmente preconceito contra os mais jovens; tem uma visão de que são "folgados", que não querem nada com a responsabilidade, que são menos capazes. Se ele for colocado em uma tarefa com alguém mais jovem poderá constatar que sua visão não é adequada. Eis um bom mecanismo para buscar a aceitação das diferenças e combater os preconceitos: misturar as pessoas.

Outros mecanismos devem ser adotados: realizar discussões sobre diversidade, conversar sobre a questão com os mais preconceituosos, fazer avaliações informais de desempenho abertas para que os resultados se expressem etc. O importante é ter uma forte determinação de criar na equipe as atitudes mais abertas e receptivas.

Capítulo 25

CÓDIGOS E REGULAMENTOS

Toda organização precisa de regras para o seu bom funcionamento. O que se pode ou não fazer e o que se deve ou não fazer são questões a serem estabelecidas com clareza, principalmente quando se trata de assuntos de relevância. Horários, procedimentos em caso de faltas ao trabalho, formas de tratar com os clientes, férias, uso de recursos da empresa, tudo isso e muito mais precisa ser estabelecido.

Nas empresas maiores, a necessidade de normatização é maior, pois há necessidade de se ter procedimentos padronizados, que não fiquem sujeitos à interpretação das várias gerências. Nas organizações menores, o código informal tende a prevalecer, pois a interação entre pessoas e áreas é direta e fácil.

Eventualmente, principalmente em casos de abuso, de comportamento indevido e de desvio acentuado dos padrões, o gestor pode sentir a necessidade de estabelecer códigos de conduta ou regulamentos, seja no âmbito da área, seja no âmbito da empresa. Daí advêm algumas dificuldades que precisam ser contornadas.

Dificuldades de estabelecimento de códigos e regulamentos

Nem sempre é fácil regulamentar as condutas humanas. Por exemplo: imagine que as pessoas estejam passando tempo demais nos banheiros do escritório, que têm se transformado em local de fofocas. O que fazer? Provavelmente, é melhor não fazer nada formal e explícito, mas solicitar a cada gestor que converse com seu pessoal sobre o assunto.

Qualquer norma pode ser vista como justa ou injusta, além do que poderá ser eficiente ou ineficiente. Evidentemente, a preocupação maior do gestor deve ser criar regras que sejam justas e eficientes, pois assim terão o devido apoio do grupo.

Dadas as dificuldades inerentes à fixação de normas, algumas condutas podem ser recomendáveis:

- *Não há lei sem costumes*, como já diziam os legisladores latinos; a lei que contraria os costumes tende a não ser aceita. Assim, é necessário atenção por parte do gestor para não estabelecer regras que contrariem frontalmente costumes naturais da comunidade;

DITADO LATINO

Leges mori serviuntur (As leis obedecem aos costumes[12]).

- As regras têm de ter um propósito claro e precisam ser legítimas, isto é, voltadas para boas causas. Regras feitas por capricho acabam acarretando revolta e comportamento conspiratório ou sabotagem;
- A democracia, com toda a sua imperfeição, ainda é o melhor caminho para a fixação de regras sólidas. A adoção de uma postura participativa por parte do gestor é o melhor caminho;

[12] Valle, Gabriel. *Dicionário Latim-Português*, Editora Thomson, IOB.

- Não se deve estabelecer regras que criem transtornos injustificáveis para as pessoas, que são difíceis de aceitar e causam revolta.

Alternativas para a empresa ou área

O controle é necessário. Isso não quer dizer que o controle explícito e externo o seja. As pessoas podem se controlar por si mesmas (controle atitudinal), ou podem ser controladas por mecanismos externos, o que nem sempre agrada. Nos tempos atuais, as empresas vêm buscando controles mais atitudinais para questões relativas à conduta dos colaboradores e definindo padrões de procedimentos explícitos, claros e precisos no que diz respeito às tarefas básicas, de vendas, produção etc. Com um fluxo de comunicação adequado entre o gestor e seu pessoal, com a coletivização do processo de estabelecimento de regras, tudo deve chegar a bom termo.

Capítulo 26

COACHING E *MENTORING*

O jovem executivo acha-se numa dificuldade de relacionamento com um técnico a ele subordinado. O que fazer? Ele tem boas intenções, boa vontade, mas falta a experiência para lidar mais construtivamente com esse tipo de problema. E pior: muitas vezes ele se vê sozinho com sua dificuldade, sem alguém com quem contar para um conselho ou orientação.

Um outro exemplo: a jovem técnica da área de finanças sempre gostou muito de estudar. Sua carreira está evoluindo bem na empresa, mas ela quer mais: quer habilitar-se para vôos maiores. Pensou então na possibilidade de fazer um mestrado na área. Porém, não sabe se essa é uma boa alternativa, já que o mestrado vai exigir bastante em termos de tempo e concentração.

Muitas vezes, essas pessoas talentosas e motivadas se vêem sozinhas para tomar suas decisões. Com isso, além de terem maiores angústias e estresse, correm o risco de cometer erros que trarão prejuízos e desvios. É muito saudável que a pessoa possa contar com um *coach* ou mentor para evoluir na carreira.

O que é *coaching* e *mentoring*

Coach, em inglês, quer dizer treinador, aquele que dá as orientações fundamentais à equipe e ao atleta, na prática, de modo próximo e direto. *Coaching* é o processo de orientar. Já *mentor*, tanto em inglês quanto em português, é um professor ou conselheiro de confiança, sendo *mentoring*, em inglês, o processo de ensinar, de aconselhar particularizadamente.

É sempre aconselhável que a pessoa busque alguém em quem confia e a quem admira para fazer esse papel. Muitos têm a sorte de encontrar esse apoio no pai, em um irmão mais velho, em um amigo mais experiente. Há empresas que oficializam o processo, tornando os executivos mais experientes conselheiros dos mais jovens.

O gestor deve fazer o papel de *coach* e mentor. Não precisa ser o único a desempenhar esse papel, mas, já que exerce ascendência sobre o colaborador, já que sua palavra tem peso, é ético e desejável, do ponto de vista produtivo, que assuma também essas funções.

Quem pode ser *coach*

Qualquer pessoa pode ser *coach*: o pastor, o amigo, o parente. As condições para isso são:

- A confiança mútua;
- A existência de qualificação (experiência, conhecimento) por parte do *coach*;
- A vontade de colaborar por parte do *coach*;
- A vontade de receber orientações dessa pessoa por parte do orientado.

Quem precisa de *coach*

Toda pessoa precisa de *coach*. Algumas são felizes por encontrar, ao longo da vida, muitos outros que cumprem esse papel. A frase de Confúcio *"Quando o aluno está pronto, o mestre aparece"* quer dizer que quando a pessoa está preparada para aprender, encontrará quem possa ensiná-la. Vale dizer: pessoas emocionalmente inteligentes são as que precisam de *coach*, justamente porque são elas que entendem que ele exercerá um papel importante. Como diz um ditado zen: *"Numa conversa entre um sábio e um tolo, quem aprende mais é o sábio, porque o sábio é sábio porque aprende, e o tolo é tolo porque não aprende".*

A palavra-chave, então, para uso do *coach* é humildade, o que se traduz em percepção de que não se sabe tudo e de que outros mais qualificados poderão ensinar.

O que fazer com o colaborador "sabichão", que não se julga necessitado de orientação? O gestor pode adotar uma postura de fazer duras críticas, para ver se "cai a ficha", se o sabichão passa a perceber sua fragilidade. A partir desse momento feliz, ele poderá se tornar um bom aluno, para seu próprio crescimento.

O processo de *coaching*

O *coaching* e o *mentoring* dependem de conversas íntimas e concentradas. É necessário que o gestor observe atentamente, no dia-a-dia, o desempenho do colaborador, para poder aconselhar com maior eficiência. É necessário também que se realizem reuniões com o propósito de avaliação e discussão do desenvolvimento do colaborador. Os papéis fundamentais a serem cumpridos pelo *coach* e pelo mentor são os seguintes:

- Crítica construtiva, ainda que o colaborador relute em ouvi-la ou aceitá-la;

- Encorajamento em momentos difíceis ou quando a motivação se reduz;
- Orientação de decisões, principalmente aquelas que exigem maior julgamento;
- Estímulo ao autodesenvolvimento pessoal e profissional;
- Aconselhamento técnico e gerencial para as questões relacionadas ao trabalho;
- Aconselhamento pessoal nas questões que angustiem o colaborador.

Capítulo 27

PROMOÇÕES

O crescimento da empresa torna-se muito mais seguro e sustentável quando um quadro profissional capaz cresce com ela. Promover pessoas é condição fundamental não só para esse crescimento da organização mas também para a manutenção do nível de estímulo e motivação.

A promoção, juntamente com a contratação, é atividade das mais estratégicas em RH e deve ser levada com a devida seriedade. Não é atividade das mais fáceis, entretanto. Promover a pessoa errada causará problemas que tenderão a se estender por longo tempo e, o que é pior, às vezes de modo invisível.

PRINCÍPIO DE PETER É SEMPRE POSSIBILIDADE

Laurence J. Peter, sociólogo canadense, publicou um livro de humor no *management*, em 1969, chamado *O Princípio de Peter*. Nele, dizia que a pessoa que mostra competência nos cargos que ocupa tende a subir até chegar a um cargo em que se revela incompetente, sendo então "congelada" ali. Logo, todos são incompetentes. O humor ensina, pois, muito da verdade que há nessa lei, em decorrência de promoções erradas.

Decisões de promoção

Como decisões estratégicas, as promoções requerem cuidados especiais. Alguns comportamentos são usualmente recomendados:

- *Havendo uma vaga, primeiro se dá oportunidade a quem está dentro:* isso é uma questão de lealdade para com a equipe. Muitas vezes, opta-se por buscar alguém de fora, para evitar problemas "políticos" no interior da equipe, quando, por exemplo, há dois fortes pretendentes ao cargo. Isso é um erro. A solução de um problema, no caso, pode criar outro pior, pois os dois pretendentes ficarão contrariados e a entrada de alguém de fora, quando há gente qualificada dentro, será "um banho de água fria" na motivação da equipe;
- *A existência da vaga e de pretendentes, entretanto, não justifica a promoção de alguém despreparado*: o pretendente tem de estar à altura, pois a decisão paternalista de dar oportunidade a alguém incapaz resultará em fracasso total ou parcial da pessoa, com enormes problemas de motivação e de produtividade para a organização;
- *Uma análise isenta e aprofundada deve ser feita:* para verificar se realmente não há ninguém capaz na equipe, antes de procurar alguém de fora. As idéias preconcebidas devem ser deixadas de lado; deve-se consultar o pessoal de RH, realizar conversas internas cuidadosas e sérias, intra e interdepartamentais, antes da decisão;
- Em caso de buscar gente de fora para o cargo, uma excelente comunicação com o pessoal tem de explicar com clareza a decisão.
- *O candidato interno deve ter a qualificação requerida emocional, intelectual e comportamental:* para avaliar se ele a tem, recorrem-se à avaliação de seu desempenho pregresso e também a testes, se necessário.

- As promoções internas devem ser seguidas de excelente comunicação.
- *Quando há mais que um pretendente, aquele ou aqueles que foram preteridos têm de receber atenção especial na comunicação:* se, de um lado, a empresa tem de dar preferência ao pessoal interno, os preteridos também têm de saber compreender as razões organizacionais; isso faz parte de seu perfil de competência, para futuras oportunidades;
- *Competência e motivação para a função são os critérios mais pesados na promoção:* havendo igualdade quanto a esses outros critérios de desempate, entram em cena a antiguidade, a idade etc. Todos têm de ser legítimos, certamente, e o julgamento deve ser imparcial.

Problemas das promoções

Dificilmente, as promoções transcorrem de modo absolutamente livre de problemas. O processo de promoção pode ser visto em diferentes fases, a saber:

1	2	3	4	5
Abertura da vaga	Avaliação de potenciais pretendentes	Escolha	Efetivação	Consolidação

Em todas as etapas, os problemas podem aparecer. Exemplo:

Abertura da vaga: O posto que se está visualizando é efetivamente sólido? Eventualmente, as empresas são erráticas na estrutura organizacional e criam cargos que não se sustentam. O que acontece quando alguém é promovido a um cargo desses? Frustração, decepção e, eventualmente, perda de gente competente.

Avaliação de potenciais pretendentes: Vontade de crescer e qualificação para isso são coisas diferentes. Qualquer julgamento errado na avaliação poderá resultar em colocar a pessoa errada no cargo, isto é, realização do *Princípio de Peter*.

Escolha: Paternalismo, preferências pessoais e outros males do gênero levam a escolhas erradas e incoerentes. Após a seleção de alguém, porém, os problemas não desaparecem: surgem a inveja e eventuais mágoas a serem administradas.

Efetivação: A mudança de posição de alguém leva a rupturas na produtividade, nos arranjos organizacionais e na dinâmica do grupo.

Consolidação: Há a experiência com a vida real e com as funções reais que são bem diferentes das imaginadas. É aí que o teste final se realiza, não sem problemas.

Em síntese, promover é necessário, desejável e até agradável, mas as promoções têm de ser eficientemente administradas.

A valorização da promoção

O que se faz quando alguém é promovido? Muitas vezes, a própria comunicação da promoção é sumária, incompleta e precária. Ora, a promoção deve ser valorizada. Uma boa idéia é criar um ritual, um cerimonial que chame a atenção positivamente e afete de modo construtivo a estima do colaborador, mostrando aos outros o processo promocional sob uma perspectiva boa.

Capítulo 28

SUCESSÃO

Atualmente, o medo de perder o emprego impera em muitas empresas. Isso traz efeitos bastante negativos para a produtividade e para o desenvolvimento da organização a médio e a longo prazo. Entre outros problemas, o medo do desemprego faz com que muitos gestores se aferrem aos seus cargos com unhas e dentes e façam esforços para impedir que outros sejam capazes de vir a ocupá-los. Isto é: os gestores acabam deixando de cumprir bem uma tarefa que é sua, que é a de preparar pessoas para crescerem na empresa.

Um bom gestor cuida de ter uma equipe que funcione perfeitamente bem caso ele seja obrigado a se ausentar, ainda que por períodos maiores. Para que ele possa fazer isso de modo confiante, é necessário que também se ocupe com o seu próprio desenvolvimento profissional. Ele poderá deixar os outros subirem, e subirá também.

A necessidade de renovação

O nível de mobilidade dentro das organizações varia de acordo com a cultura, o meio em que a empresa está, as oportunidades que ela própria tem para crescer, a tecnologia etc. Nem sempre o desejável é o que se realiza em termos de oportunidades. Mas, em maior ou menor grau, a renovação se faz necessária e o gestor é responsável por ela. A renovação pode dar-se:

- Por promoção dentro do departamento;
- Por promoção para outras áreas dentro da empresa;
- Por mudanças de cargos, na linha horizontal, dentro ou fora do departamento;
- Por mudanças de função dentro dos mesmos cargos.

Há aquela renovação necessária, puxada pela estratégia da organização, e há aquela provocada com a finalidade de manter níveis de produtividade e satisfação maiores. O gestor não só deve responder bem quando a empresa exige renovação estratégica mas também deve manter as coisas em movimento, isto é, deve criar oportunidades de renovar para manter o ambiente interno dinâmico.

Isso requer que haja preparação para a sucessão, seja no cargo do gestor, seja nos cargos que ficam abaixo do seu na hierarquia. Então, deve haver uma permanente orientação para a sucessão.

Alternativas internas de carreira

Uma conversa franca e desarmada entre gerente e colaborador deve indicar os possíveis rumos da carreira do último. Há oportunidades dentro do departamento? O que é necessário para se habilitar a elas? Qual é o grau de preparação atual do colaborador? O que mais ele deve fazer para ficar pronto? Não havendo oportunidades internas no horizonte, o que se pode obter fora da área, dentro da empresa?

Daí vem uma questão crucial: quem é potencialmente o sucessor do colaborador? Ele está recebendo o devido preparo para a ocupação do cargo? Isso é fundamental.

Lidando com os "velhos"

Eventualmente, a empresa se vê às voltas com o "envelhecimento" do quadro. Pessoas com muitos anos de casa (não necessariamente com idade elevada) passam a ser a regra. Nada há de errado com isso se essas pessoas se mantiverem em processo de aprendizagem, dinâmicas e motivadas para a mudança e para o crescimento. Nem sempre é o que ocorre, entretanto. Muitas vezes, ficam operando na chamada "zona de conforto", isto é, psicologicamente adormecidas, "cumprindo tabela".

É necessário, em benefício dessas próprias pessoas, que elas saiam dessa armadilha psicológica e passem a buscar o crescimento, única maneira de se preservar como profissionais capazes. Essas pessoas têm de se tornar capazes de se mover dentro da organização, seja vertical, seja horizontalmente, e precisam também perder o medo de criar sucessores.

A conscientização dessa necessidade é o caminho. No primeiro momento, o medo tende a prevalecer, mas, com boas conversas, a maioria acaba assumindo posturas mais pró-ativas.

Capítulo 29

RITUAIS E CELEBRAÇÕES

As cerimônias valorizam a vida e contribuem positivamente para a auto-estima das pessoas. É preciso celebrar, haver rituais que marquem passagens relevantes. Isso na empresa é fundamental, pois boa parte da vida está relacionada ao trabalho.

As organizações que marcam de modo mais ritualístico seus eventos mais relevantes tendem a motivar mais o pessoal e a construir uma cultura de auto-estima e autovalorização.

A importância dos rituais e celebrações

Os rituais e celebrações:

- Comunicam, por si só, o que se julga importante. Por exemplo: ao colocar um ritual na admissão de um funcionário, a empresa diz a ele que é bem-vindo e que sua chegada é importante;
- Motivam e marcam emocionalmente. Um colaborador que recebeu um diploma do diretor, na conclusão do curso, terá mais uma boa lembrança registrada;

- Trazem alegria. Ao celebrar uma vitória, o grupo tem oportunidade de expressar emoções positivas, em grupo, com o contágio que isso traz;
- Fortalecem o espírito de corpo e o moral da equipe. Gente que comemora unida tende a ter vínculos mais profundos;
- Motivam para novas vitórias, em síntese, além de criarem um clima humano mais adequado.

Criando um calendário

Há aquelas oportunidades de celebração que surgem dos acontecimentos e há aquelas que podem ser planejadas em virtude do calendário. Podem-se estabelecer rituais e celebrações que acompanham os fluxos de produção ou vendas, fechamentos de períodos, promoções e programas internos.

Aproveitando oportunidades para celebrar

Uma percepção vigilante do gestor indicará pequenas e grandes oportunidades para celebração. O importante é que elas não sejam perdidas. Afinal, o trabalho, os esforços e as conquistas merecem ser estimulados e festejados.

Conclusão

No século XIX, quando as idéias de Comunismo, Socialismo e Anarquismo competiam entre si para oferecer uma alternativa ao Capitalismo emergente – então extremamente cruel –, um dirigente de manufatura, o irlandês Robert Owen (1771-1858), pregava idéias "diferentes" aos seus colegas empresários. Ele dizia que todos cuidavam muito bem de suas máquinas, mantinham-nas azeitadas e em excelente estado de funcionamento, mas dilapidavam o que havia de mais valioso: as pessoas. Owen, que veio a tornar-se o pai do cooperativismo, um movimento que está presente atualmente em todo o mundo e é uma das alternativas da chamada economia social, falava de modo paternalista, mas com palavras de verdade e de bondade.

Dizia que os empresários precisavam cuidar melhor de seus empregados, prover treinamento, zelar para que tivessem moradias dignas, que trabalhassem em condições adequadas, que se desenvolvessem plenamente como pessoas, enfim. Todos aplaudiam, mas muito poucos efetivamente se preocupavam em colocar em prática as idéias ouvidas nas bem-sucedidas conferências de Owen.

A verdade é que buscar aquilo que esse irlandês visionário queria é, primeiramente, obrigação moral de todo dirigente e, em segundo lugar, uma demonstração de sabedoria e competência gerencial. Pessoas felizes e realizadas produzem um trabalho de alto padrão, que resulta em satisfação plena dos clientes; isso, por sua vez, traz fidelidade da clientela à empresa, que, por fim, garante lucros legítimos e sólidos. Esse é o círculo virtuoso mostrado por James L. Heskett, W.E. Sasser Jr. e Leonard A. Schelsinger em seu livro *Lucro na Prestação de Serviços.*

Permitir que as pessoas sejam produtivas e felizes no trabalho: eis uma diretriz simples que deve nortear a missão do gestor. Ao realizá-la com maestria, ele estará conquistando o melhor para si mesmo, contribuindo para o crescimento da sua empresa e colaborando para a criação de uma sociedade melhor. Um trabalho bonito e digno!

Referências bibliográficas

COVEY, Stephen R. *Os Sete Hábitos das Pessoas Altamente Eficazes.* São Paulo: Best Seller, 2000.

DIVERSITY CONECTION. *Glossário.* Ohio State University. <http://ftad.osu.edu/CSP/glossary.html>.

DRUCKER, Peter F. *A Tentação de Fazer o Bem.* Rio de Janeiro: Rocco, 1999.

HESKET, James L.; SASSER JR., W.E.; SCHELSINGER, Leonard. *Lucro na Prestação de Serviços.* Rio de Janeiro: Campus, 2002.

SENGE, Peter M. *A Quinta Disciplina: Arte, Teoria e Prática da Organização de Aprendizagem.* São Paulo: Best Seller, 1990.

SPECTOR, Paul E. *Psicologia nas Organizações.* São Paulo: Saraiva, 2002.

VAISSMAN, Magda. *Alcoolismo no Trabalho.* Rio de Janeiro: Fiocruz, 2005.

XAVIER, Ricardo de Almeida Prado. *Em Cartaz – Aprendendo com as Emoções do Cinema.* São Paulo: STS, 2003.

Contatos com o autor

e-mail: ricardo.xavier@manager.com.br

Este livro foi impresso pela Prol Gráfica
em papel *offset* 75 g.